ENCUENT

Me presento

1 ¡Primero!

Mira los dibujos de la actividad 2. Busca las frases correspondientes.
(Look at the pictures in activity 2. Find the right phrases.)

Ejemplo: a – ¡Que lo pases bien!

Buenos días   Buenas tardes   Buenas noches   ¡Que aproveche!
¡Que lo pases bien!   ¡Buen viaje!   Adiós   ¡Que te recobres!

2 ¡Escucha!

Escribe 1 a 8. ¿Qué frase corresponde a qué dibujo?
(Write down 1 to 8. Which expression matches which picture?)

Ejemplo : 1 – c

3 ¡Escucha!

Comprueba tus
respuestas.
(Check your answers.)

4 ¡Habla!

¿Qué dices?
(What do you say?)

Ejemplo: a – Buenos días.

5 ¡Habla!

¿Qué dices?
(What do you say?)

Buenos días, Señor ...   Buenos días, Señorita ...
Buenos días, Señora ...   ¡Hola!

Patricio   *El Señor Moreno*   *La Señorita Espinosa*   *La Señora Rubio*

6 ¡Escucha!

Escribe 1 a 8. ¿Quién habla?
(Write down 1 to 8. Who is speaking?)

Ejemplo : 1 – Señor Ballester y Señor Moreno

Charo y Maite

La Señora Fuentes y El Señor Gómez

La Señora Santos y La Señora Carlos

El Señor Ballester y El Señor Moreno

Adela y Alejandro

Charo y Maite

El Señor Sánchez y La Señora Salvador

Jorge y Diego

7 ¡Habla!

Practica estos diálogos con tu compañero/a, por turnos.
(Practise these dialogues in pairs. Then swap parts.)

 a

A La Señora Ballester   B El Señor Vargas

 b

A Sabina   B Tomás

Palabras clave

Buenos días/Adiós, Señor/Señora/Señorita …	**A**	¿Cómo estás?	**B**	Bien, gracias, ¿y tú/Vd?
¡Hola!		Bien, gracias.		
Buenas tardes/Buenas noches				
¡Que aproveche!				
¡Que lo pases bien!/¡Buen viaje!				
¡Que te recobres!		NOW LOOK AT *Extra 1!*		
Adiós				

3

2 Me llamo ...

a	a	k	ka	s	ese
b	be	l	ele	t	te
c	ce	ll	elle	u	u
d	de	m	eme	v	uve
e	e	n	ene	w	uve doble
f	efe	ñ	eñe	x	equis
g	ge	o	o	y	i griega
h	hache	p	pe	z	zeta
i	i	q	qu		
j	jota	r	erre		

 1 ¡Escucha!

El alfabeto. Lee las letras y repite.
(The alphabet. Read the letters and repeat.)

 2 ¡Habla!

Con tu compañero/a y por turnos, lee las letras en voz alta.
(In pairs: take turns to read the letters aloud.)

A H I C R U E T S D G W

 3 ¡Escucha!

Escribe 1 a 8. ¿Cómo se llaman?
(Write down 1 to 8. What are their names?)

Ejemplo : 1 – Carmen

 4 ¡Habla!

Practica este diálogo con tu compañero/a, por turnos.
(Practise this dialogue in pairs. Then swap parts.)

¿Cómo te llamas? — Me llamo Christopher.

¿Cómo se escribe? — C-H-R-I-S-T-O-P-H-E-R.

¿Dónde vives? — Manchester.

¿Cómo se escribe? — M-A-N-C-H-E-S-T-E-R.

¿Cuál es tu dirección? — Vivo 15, Main Road.

¿Cuál es tu número de teléfono? — 514256.

Inventa tus propios diálogos.
(Make up your own dialogues.)

Palabras clave

A		B	
	¿Cómo te llamas?		Me llamo …
	¿Cómo se escribe?		…
	¿Dónde vives?		Vivo en Birmingham/Edimburgo.
	¿Cuál es tu dirección?		Vivo …
	¿Cuál es tu número de teléfono?		…

0 cero 1 uno 2 dos 3 tres 4 cuatro 5 cinco 6 seis 7 siete 8 ocho
9 nueve 10 diez

5 ¡Primero!

Busca las palabras correspondientes en las palabras clave.
(Find the right words in the *Palabras clave*.)

Ejemplo : José – Vivo en España.

| José | Fred | Harry | Sally | Cathy | Isabel | Céline |

6 ¡Lee!

¿Quién escribe?
(Who is writing?)

Ejemplo : a – Sally

a Vivo en una ciudad grande en el sur de Inglaterra.

b Vivo en Edimburgo en Escocia.

c Vivo en Cork, en la costa, en Irlanda.

d Vivo en Melbourne, en Australia.

e Vivo en una aldea en las montañas en Gales.

7 ¡Habla!

¿Qué dices? Mira las palabras clave.
(What do you say? Look at the *Palabras clave*.)

Ejemplo: a – Vivo en España. Soy español.

a Pepe: España

b Jenny: Irlanda

c Melanie: Australia

d David: Gales

e Alistair: Escocia

Palabras clave

A	¿Dónde vives?	B	Vivo en	Inglaterra/Escocia/Irlanda/Australia/Gales/Francia/España.
	¿De dónde eres?		Soy	inglés (inglesa) escocés (escocesa) irlandés (irlandesa) australiano (australiana) galés (galesa) francés (francesa) español (española).

3 ¡Feliz cumpleaños!

1 ¡Escucha!

Escribe 1 a 12. ¿Cuántos años tienen?
(Write down 1 to 12.
How old are they?)

Ejemplo: 1 – 13

2 ¡Escucha!

Escribe 1 a 10. Escribe **a** o **b**.
(Write down 1 to 10. Choose **a** or **b**.)

Ejemplo: 1 – a

Los números desde 11 hasta 100		
11 once	21 veintiuno	31 treinta y uno
12 doce	22 veintidós	40 cuarenta
13 trece	23 veintitrés	50 cincuenta
14 catorce	24 veinticuatro	60 sesenta
15 quince	25 veinticinco	70 setenta
16 dieciséis	26 veintiséis	80 ochenta
17 diecisiete	27 veintisiete	90 noventa
18 dieciocho	28 veintiocho	100 cien
19 diecinueve	29 veintinueve	
20 veinte	30 treinta	

1	a	29	b	19		6	a	40	b	14
2	a	15	b	5		7	a	4	b	40
3	a	6	b	16		8	a	12	b	2
4	a	12	b	22		9	a	7	b	17
5	a	13	b	3		10	a	20	b	21

3 ¡Escucha!

Escribe 1 a 8. ¿Quién habla?
(Write down 1 to 8. Who is speaking?

Ejemplo: 1 Pepe

El Señor Fidel
56

Sabina
6

La Señora Obriza
38

Jaime
16

Sandra
11

El Señor García
75

La Señora Delibes
84

Pepe
4

4 ¡Habla!

Mira los dibujos de la actividad 3. ¿Qué dices?
(Look at the pictures in activity 3. What do you say?)

Ejemplo : Sandra – Tengo once años.

5 ¡Escucha!

Escribe 1 a 8.
¿Cuándo son sus cumpleaños?
(Write down 1 to 8.
When are their birthdays?)

Ejemplo: 1 – 12.4.

 6 ¡Habla!

a) Con tu compañero/a, lee las fechas por turnos en voz alta.
(In pairs: take turns to read the dates aloud.)

Ejemplo: a – el tres de octubre

 a 3.10. b 11.9. c 31.5. d 1.4. e 16.4. f 25.12. g 15.8. h 27.2.

b) ¿Qué fecha es hoy?
(What is the date today?)

> Hoy es el (tres de octubre).

Los meses

enero febrero marzo abril mayo junio julio agosto septiembre octubre noviembre diciembre

¡Atención! 1st = el uno   Ejemplo: Hoy es el uno de febrero.
           2nd = el dos   Hoy es el dos de abril.

 7 ¡Lee!

Lee la tabla y el texto de abajo. ¿Quién escribe?
(Read the table and the text below. Who is writing?)

Ejemplo: a – Enrique

Nombre:	Montse	Antonio	José	Sara	Enrique	Catalina
Edad:	16	12	19	15	25	20
Cumpleaños:	20.2.	16.9.	15.11.	29.12.	15.5.	7.8.

a Tengo veinticinco años.

b Mi cumpleaños es el veinte de febrero.

c Mi cumpleaños es el siete de agosto.

d Tengo diecinueve años.

e Mi cumpleaños es el veintinueve de diciembre.

Palabras clave

A	¿Cuántos años tienes?	B	Tengo … años.
	¿Cuándo es tu cumpleaños?		Mi cumpleaños es el …
	¿Qué fecha es hoy?		Hoy es el …

NOW LOOK AT
Extra 2!

7

Yo soy … ¿Y tú?

1 ¡Escucha!

Escribe 1 a 6. ¿Quién habla?
(Write down 1 to 6. Who is speaking?)

Ejemplo: 1 – Nadia

Fabián

Nadia

Ricardo

Sara

Ramón

Cristina

2 ¡Habla!

Mira los dibujos de la actividad 1.
¿Qué dices?
(Look at the pictures in activity 1.
What do you say?)

Ejemplo: **Tengo los ojos … y el pelo …
Soy pelirrojo/a.
Soy alto/alta/bajo/baja/
de estatura mediana.**

3 ¡Habla!

¡Preséntate!
(Introduce yourself!)

Ejemplo: **Me llamo …
Tengo los ojos … y el pelo …
Soy pelirrojo/a.
Soy alto/alta/bajo/baja/
de estatura mediana.**

4 ¡Lee!

Mira los dibujos de la actividad 1. ¿Quién escribe?
(Look at the pictures in activity 1. Who is writing?)

Fabián	Nadia	Ricardo
Sara	Ramón	Cristina

Ejemplo: a – Fabián

a. Tengo los ojos azules y soy pelirrojo. Soy de estatura mediana.

b. Mis ojos son castaños. Tengo el pelo ondulado y soy alta.

c. Tengo el pelo corto, castaño y rizado y los ojos castaños. Soy muy alto.

d. Tengo los ojos grises y el pelo largo y suave. Soy bastante alto y como mucho.

e. Soy muy pequeña y delgada. Tengo los ojos verdes y el pelo rubio bastante largo.

f. Mis ojos son azules y soy pelirroja. Soy de estatura mediana y llevo gafas.

5 ¡Escribe!

Copia la tabla y rellénala.
(Copy the table and fill it in.)

		Ojos	Pelo	Tamaño
Ejemplo:	Fabián	azul	pelirrojo	estatura mediana
	Nadia			
	Ricardo			
	Sara			
	Ramón			
	Cristina			

Palabras clave

(Él/Ella) tiene	el pelo	rubio/castaño/largo/ corto/suave/rizado/ondulado.
(Yo) tengo	los ojos	azules/verdes/castaños.
Soy/Es	pelirrojo/a. de estatura mediana.	
Soy muy/bastante Es	alto/alta. bajo/baja. delgado/delgada.	
Llevo	gafas/lentillas.	

9

Mi familia ... ¿Y tu familia?

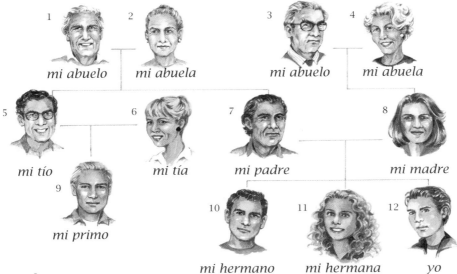

1 mi abuelo 2 mi abuela 3 mi abuelo 4 mi abuela

5 mi tío 6 mi tía 7 mi padre 8 mi madre

9 mi primo

10 mi hermano 11 mi hermana 12 yo

1 ¡Escucha!

Escribe los nombres. ¿Cuántos años tienen?
(Write down the names. What age are they?)

Ejemplo: el abuelo – Pablo, 65
la abuela – ...

2 ¡Escucha!

Escribe 1 a 6. ¿Quién habla?
(Write down 1 to 6. Who is speaking?)

Ejemplo: 1 – c

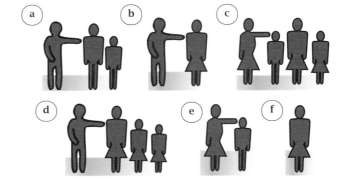

a b c

d e f

3 ¡Habla!

Mira los dibujos de la actividad 2.
¿Qué dices?
(Look at the pictures in activity 2.
What do you say?)

Ejemplo: Tengo dos hermanos.

4 ¡Escucha!

Escribe 1 a 7. ¿Cuál es el dibujo?
(Write down 1 to 7. Which picture is it?)

Ejemplo: 1 – g

a  b  c

d  e  f g

5 ¡Lee!

¿Qué descripción corresponde a qué dibujo?
(Match up the descriptions and the right pictures.)

Ejemplo: 1 – e

a Tengo dos hermanos y una hermana.
Mis hermanos se llaman Enrique y
Marcos y mi hermana se llama Catalina.
Simón

b Tengo un hermano y una hermana. Mi
hermano se llama Tomás y tiene doce años.
Mi hermana se llama Ana y tiene quince
años.
Patricio

c No tengo hermanos.
Soy hija única.
Mica

d Soy hijo único, pero tengo un perro. Se llama Pili.
Manuel

e Tengo una hermana que se llama Mari
Carmen y una hermana que se llama Olivia.
Alejandro

6 ¡Escribe!

Dibuja una foto de tu familia (o de una familia
imaginada) y descríbela.
(Draw a 'photo' of your family (or of an imaginary
family) and describe it.)

un hermanastro = *stepbrother*	
una hermanastra = *stepsister*	
un padrastro = *stepfather*	
una madrastra = *stepmother*	
divorciado/a/os = *divorced*	
está muerto/a = *dead*	

Palabras clave

Tengo	un hermano/dos hermanos.	Tengo Tiene	un perro.
Él/Ella tiene	una hermana/cuatro hermanas.		un pájaro.
Soy Él/Ella es	hijo único/hija única.		un periquito.
			un gato.
Mi Su	hermano/padre se llama …		una tortuga.
			un conejo.
Mi Su	hermana/madre tiene ocho/… años.		un hámster.
		No tengo No tiene	animales domésticos.

11

6 Al trabajo

1 ¡Primero!

Mira los dibujos de la actividad 2. Busca las palabras correspondientes en las palabras clave.
(Look at the pictures in activity 2. Find the right words in the *Palabras clave*.)

2 ¡Escucha!

a) Escribe 1 a 15. ¿Qué son de profesión?
(Write down 1 to 15. What do they do for a living?)

Ejemplo: 1 – f

b) Escribe las respuestas.
(Write down the answers.)

Ejemplo: Es granjero.

3 ¡Escribe!

¿Y los miembros de tu familia ? ¿Qué hacen?
(What about the members of your family? What do they do?)

Ejemplo: Mi padre es ...   Mi madre es ...
Mi hermano es ... Mi hermana es ...

Está en paro. = *He/She is unemployed.*
Trabaja por cuenta propia. = *He/She is self-employed.*

4 ¡Primero!

Mira los dibujos de la actividad 5. Busca las palabras correspondientes en las palabras clave.
(Look at the pictures in activity 5. Find the right words in the *Palabras clave*.)

5 ¡Escucha!

Escribe 1 a 8. ¿Dónde trabajan?
(Write down 1 to 8. Where do they work?)

Ejemplo: 1 – d

6 ¡Escribe!

¿Dónde trabajan? Mira los dibujos de la actividad 2 y las palabras clave.
(Where do they work? Look at the pictures in activity 2 and the *Palabras clave*.)

Ejemplo: Un mecánico trabaja en un taller.

7 ¡Escucha!

Escribe 1 a 8. ¿Les gusta su trabajo? (Sí/No)
(Write down 1 to 8. Do they like their jobs? (Yes/No))

Ejemplo: 1 – Sí

Palabras clave

| Soy
Él/Ella es | granjero/granjera.
cocinero/cocinera.
peluquero/peluquera.
electricista.
comerciante.
enfermero/enfermera.
programador/programadora.
obrero/obrera.
mecánico/mecánica.
médico/médica.
carpintero/carpintera.
empleado/empleada de fábrica.
recepcionista.
secretario/secretaria.
dependiente/dependienta. | Trabajo
Trabaja | en | una obra.
una granja.
una fábrica.
un taller.
una clínica.
una tienda.
una peluquería.
una oficina.
un hotel.
un hospital.
un restaurante. |

NOW LOOK AT
Extra 3!

7 El tiempo libre

1 ¡Primero!

Mira los dibujos de la actividad 2. Busca las palabras correspondientes en las palabras clave.
(Look at the pictures in activity 2. Find the right words in the *Palabras clave*.)

2 ¡Escucha!

Escribe 1 a 8. ¿Qué les gusta hacer?
(Write down 1 to 8. What do they like to do?)

Ejemplo: 1 – c, d

3 ¡Habla!

Tú eres Ana/Pablo. ¿Qué dices?
(You are Ana/Pablo. What do you say?)

Ejemplo: Me gusta ... – Me gusta montar en bicicleta.
No me gusta ... – No me gusta leer.

Ana   *Pablo*

4 ¡Escribe!

Y a ti, ¿qué te gusta hacer? Copia la tabla y rellénala.

(What do you like to do? Copy the table and fill it in.)

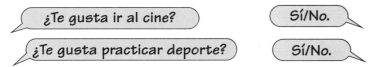

	Me gusta ...	No me gusta ...	Me parece bien.
Ejemplo:	Me gusta ir al cine.		

 5 ¡Habla!

a) Con tu compañero/a: haz preguntas a tu compañero/a, por turnos.

Escribe las respuestas.

(In pairs: interview your partner. Write down his/her answers. Then swap parts!)

¿Te gusta ir al cine?   Sí/No.

¿Te gusta practicar deporte?   Sí/No.

b) Escribe un resumen de las respuestas de tu compañero/a.

(Write a summary of your partner's replies.)

Ejemplo: A él le gusta ...

A ella le gusta ...

A él le parece bien ...

A ella le parece bien ...

 6 ¡Habla!

Y a ti, ¿qué te parece? Busca un pasatiempo por cada respuesta.

(What's your opinion? Find an activity for each expression.)

Ejemplo: ¿Qué te parece leer/bailar? – ¡Fantástico!

¡Fatal!   ¡Buenísimo!   ¡Estupendo!   ¡Terrible!

¡Aburrido!   ¡Interesante!   ¡Fantástico!   ¡Bien!

Palabras clave

A	A ti, ¿qué te gusta hacer?		A	¿Qué te parece?		
B	Me gusta No me gusta	ir al restaurante. ir al cine. bailar. ir a la disco. practicar deporte. montar en bicicleta. jugar con el ordenador. escuchar música. ver la tele. leer. relajarme.	B	Me parece	interesante estupendo fantástico bien aburrido fatal terrible buenísimo	jugar con el ordenador. ver la tele. visitar a mis amigos. escuchar música. montar en bicicleta. leer. practicar deporte. bailar.

8 ¿Te gusta el deporte?

1 ¡Primero!

Mira los dibujos de la actividad 2. Busca las palabras correspondientes en las palabras clave.
(Look at the pictures in activity 2. Find the right phrases in the *Palabras clave*.)

Ejemplo: Me gusta nadar.

2 ¡Escucha!

Escribe 1 a 8. ¿Qué les gusta hacer?
(Write down 1 to 8. What do they like to do?)

Ejemplo: 1 – d, j

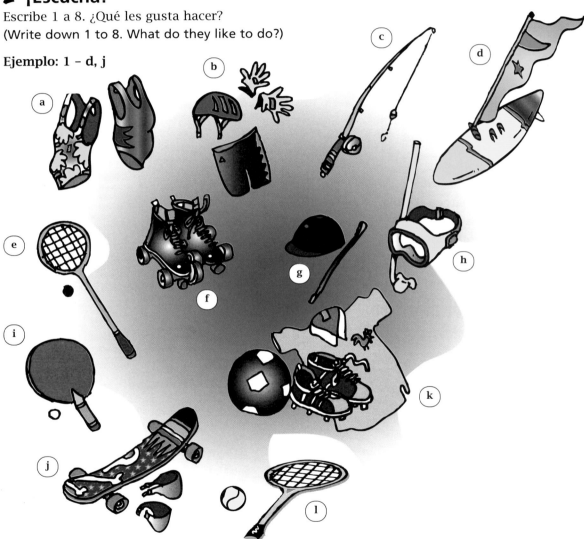

3 ¡Escucha!

Escribe 1 a 8. ¿Qué no
les gusta hacer?
(Write down 1 to 8. What don't
they like doing?)

Ejemplo: 1 – k

Me gusta ... = Me gusta montar en bicicleta.
No me gusta ... = No me gusta jugar con el ordenador.
Prefiero ... = Prefiero ver un vídeo.

4 ¡Escribe!

Escribe una lista de tres cosas que te gusta hacer.
(Write out a list of three things you like doing.)

Ejemplo: Me gusta montar en bicicleta.
               Me gusta ir de pesca.

 5 ¡Habla!

Practica este diálogo por turnos.
(Practise this dialogue. Then swap parts!)

Inventa tus propios diálogos.
(Now make up your own dialogues.)

 6 ¡Escribe!

¿Qué haces el fin de semana?
(What do you do at the weekend?)

Ejemplo:
Juego al squash.

Palabras clave

A	¿Qué te gusta hacer?		A	¿Qué haces el fin de semana?	
	¿Qué no te gusta hacer?		B	Voy	de pesca.
	¿Qué prefieres hacer?			Monto	en bicicleta.
B	Me gusta	nadar.			a caballo.
	No me gusta	bucear.		Ando	en monopatín.
	Prefiero	ir de pesca.		Practico	el patinaje.
		montar a caballo.			el windsurf.
		andar en monopatín.		Juego al	fútbol.
		practicar el patinaje.			tenis.
		practicar el windsurf.			tenis de mesa.
		jugar al fútbol.			squash.
		jugar al tenis.			
		jugar al tenis de mesa.			
		jugar al squash.			

Europa

1 ¡Primero!

Escribe 1 a 13. Busca los nombres correctos.
(Write down 1 to 13. Find the right names.)

Ejemplo: 1 – Irlanda

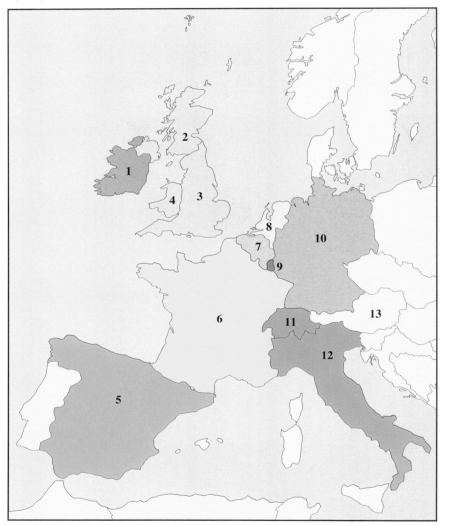

Alemania
Inglaterra
Bélgica
Escocia
España
Francia
Irlanda
Italia
Luxemburgo
Holanda
Gales
Suiza
Austria

 ## 2 ¡Escucha!

Comprueba tus respuestas.
(Check your answers.)

 ## 3 ¡Habla!

¿De qué país es
la bandera?
(Which country's flag is it?)

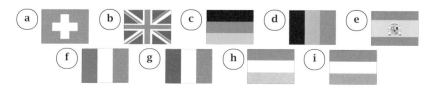

4 ¡Escribe!

¿Dónde viven? Escribe una lista.
(Where do they live? Write a list.)

**Ejemplo: Carlos vive en Barcelona
en el norte de España.**

Carlos

Manuel

1 Vivo en Barcelona en la provincia de Cataluña que está en el norte de España.
Carlos

2 Vivo en Sevilla en la provincia de Andalucía que está en el sur de España.
Manuel

3 Vivo en Madrid que es la capital de España. Hablo español.
Eugenia

4 Vivo en Palma, un puerto en la isla de Mallorca.
Pepa

Eugenia

Pepa

5 ¡Escucha!

Escribe 1 a 4. ¿Quién habla?
(Write down 1 to 4. Who's speaking?)

Ejemplo: 1 – Eugenia

6 ¡Habla!

a) Practica este diálogo con tu compañero/a, por turnos.
(Practise this dialogue in pairs. Then swap parts!)

¿Dónde vives?

Vivo en ...

b) Escribe las respuestas de tu compañero/a.
(Note down your partner's answers.)

Ejemplo: Vive en ...

Palabras clave

A	¿Dónde vives? ¿Dónde vive Vd.?	
B	Vivo en	Alemania. Inglaterra. Bélgica. Escocia. España. Francia. Irlanda. Italia. Suiza. Luxemburgo. Gales. Holanda. Austria.
	Vivo en	el norte. el sur. el este. el oeste.
	... está en las afueras de ... ... es la capital de ...	

19

Mi casa

1 ¡Primero!

Escribe frases. Las palabras clave
te ayudarán.
(Write sentences. The *Palabras clave* will
help you.)

Ejemplo: Yolanda vive en una pensión.

Pedro

Sandra

Yolanda

Elvira

Simón

Bernardo

2 ¡Escucha!

Escribe 1 a 6. ¿Quién habla?
(Write down 1 to 6. Who's speaking?)

Ejemplo: 1 – Bernardo

3 ¡Habla!

Practica estos diálogos con
tu compañero/a, por turnos.
(Practise these dialogues in pairs.
Then swap parts!)

a ¿Dónde vives?

b ¿Dónde vives?

Inventa tus propios diálogos.
(Now make up your own dialogues!)

4 ¡Escribe!

¿Dónde vives tú? ¿Dónde vive
tu compañero/a?
(Where do you live?
Where does your partner live?)

Ejemplo: Vivo en … Él/Ella vive en …

5 ¡Primero!

Mira los dibujos de la actividad 6. Escribe frases. Las palabras clave te ayudarán.
(Look at the pictures in activity 6. Write sentences. The *Palabras clave* will help you.)

Ejemplo: a – Vivo en el centro de la ciudad.

6 ¡Escucha!

Escribe 1 a 8. ¿Dónde viven?
(Write down 1 to 8. Where do they live?)

a   b   c   d   e   f

7 ¡Escribe!

Describe donde vives.
(Write a description of where you live.)

Ejemplo: Vivo en una casa en el centro de la ciudad, cerca del instituto.

8 ¡Habla!

Practica este diálogo con
tu compañero/a, por turnos.
(Practise this dialogue in pairs.
Then swap parts!)

¿Dónde vives?

¿Dónde está exactamente?

¿Está lejos del instituto?

Palabras clave

A		B		
¿Dónde vives? ¿Dónde vive Vd.?		Vivo en	una casa. un bloque de pisos. un apartamento. una autocaravana. una urbanización. una granja. una pensión.	
¿Dónde está exactamente?			en el centro de la ciudad. en las afueras. en el campo. en una aldea.	
¿Está lejos del instituto?		Sí, bastante lejos. No, no lejos. Está cerca del instituto. No, está a cinco minutos del instituto, a pie.		

La casa

1 ¡Primero!

Busca las palabras correspondientes en las palabras clave.
(Find the right words in the *Palabras clave*.)

Ejemplo: a – el desván

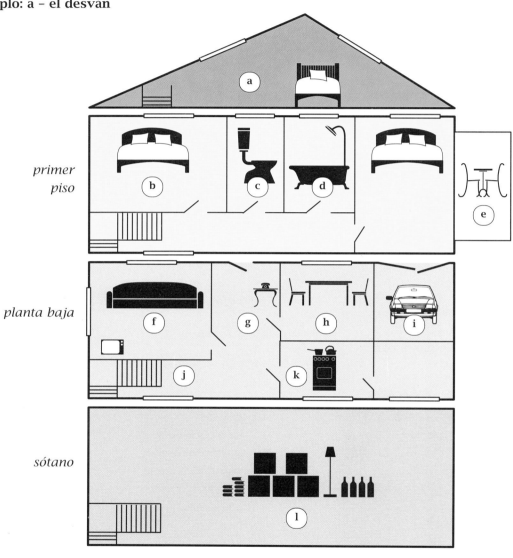

primer piso

planta baja

sótano

 ## 2 ¡Escucha!

Comprueba tus respuestas.
(Check your answers.)

 ## 3 ¡Escribe!

Las habitaciones de la casa.
Escribe tres listas.
(The rooms of the house. Write three lists.)

Ejemplo: En la planta baja hay ...
       En el primer piso hay ...
       En el sótano hay ...

4 **¡Escucha!**

¿Cuál es el apartamento de Carlos?

(Which is Carlos's flat?)

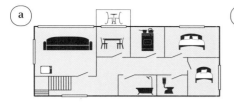
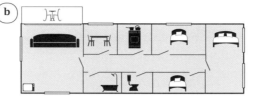
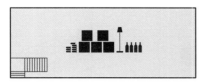
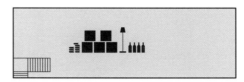

 5 **¡Habla!**

Ahora describe el otro apartamento. **Ejemplo:** **Hay un/una ...**

(Now describe the other flat.) **No hay un/una ...**
La cocina/El comedor es pequeña/
pequeño/grande.
La sala de estar/El balcón es pequeña/
pequeño/grande.

 6 **¡Escribe!**

Describe tu casa. Las palabras clave te ayudarán.

(Describe your house. The *Palabras clave* will help you.)

Ejemplo: **Vivo en una casa.**
En la planta baja/en el primer piso hay ...
Vivo en un apartamento.
El apartamento está en el primer/segundo/tercer piso.
En el apartamento hay ...

Palabras clave

Vivo en		una casa/un apartamento.
En la planta baja En el primer piso En el sótano	hay/no hay	un vestíbulo/un garaje/un retrete/un comedor/ un balcón/un desván/un cuarto de baño/un dormitorio/una cocina/ una sala de estar/una bodega/una escalera.
La cocina	es	grande/pequeña.
El dormitorio	es	grande/pequeño.

12 Los muebles

1 ¡Primero!

¿Dónde se encuentran los muebles? Copia la tabla y escribe
las palabras en la columna correspondiente.
(Copy the table and put the items into the right categories.)

la sala de estar	el comedor	la cocina	el cuarto de baño	el dormitorio

el lavaplatos

el sofá

la bañera

el congelador

el televisor

el ropero

la cama

el aparador

la mesa

el retrete

la cómoda

la silla

el horno

el espejo

la lámpara

el estante

el sillón

la lavadora

la ducha

la nevera

el lavabo

el armario

2 ¡Habla!

Lee las listas con tu compañero/a, por turnos.
(In pairs take turns to read the lists aloud.)

Ejemplo: En la sala de estar hay …

el televisor = Hay dos televisores.
la ducha = Hay una ducha.
la cama = Hay dos camas.

3 ¡Escucha!

¿Qué hay en la casa de Jorge? Indica los muebles en tu lista.
(What is there in Jorge's house? Tick the pieces of furniture on your list.)

4 ¡Habla!

Practica este diálogo con
tu compañero/a, por turnos.
(Practise these dialogues
in pairs. Then swap parts!)

a ¿Qué hay en tu cocina?

En mi cocina hay ...

b ¿Qué hay en tu sala de estar?

En mi sala de estar hay ...

Ahora inventa tus propios diálogos.
(Now make up your own dialogues.)

5 ¡Primero!

Busca las palabras correspondientes en las palabras clave.
(Find the right words in the *Palabras clave*.)

Ejemplo: a – libros

a b c d e
f g h i j

6 ¡Habla!

a) Practica este diálogo con tu compañero/a, por turnos.
(Practise this dialogue in pairs. Then swap parts!)

b) Escribe una lista.
(Write a list.)

Ejemplo: En mi dormitorio tengo ...

¿Tienes un/una ... en tu dormitorio?

Sí/No.

Palabras clave

A	¿Qué hay	en tu cocina?
		en tu sala de estar?
	¿Qué tienes	en tu dormitorio?
B	En mi dormitorio tengo	un reproductor de discos compactos.
		un reloj despertador.
		un ordenador.
		un casete.
		un televisor.
		un estéreo.
		una cama.
		un estante.
		muchos libros/discos compactos/casetes/pósteres.

NOW LOOK AT
Extra 4!

Mi día típico

1 ¡Primero!

¿Qué hora es? Busca las frases correctas.
(What time is it? Find the right sentences.)

Ejemplo: Son las nueve y cuarto.

Es mediodía/medianoche.
Son las siete.
Son las ocho y diez.
Son las nueve y cuarto.
Son las diez y veinte.
Son las dos y media.
Son las tres menos veinte.
Son las cuatro menos cuarto.
Son las seis menos cinco.

2 ¡Escucha!

Comprueba tus respuestas.
(Check your answers.)

3 ¡Habla!

Con tu compañero/a, lee por turnos los números en voz alta.
(In pairs: take turns to read the numbers aloud.)

a	2	12	20	22	**b**	3	13	30	33
c	4	14	40	44	**d**	5	15	50	55
e	6	16	60	66	**f**	7	17	70	77
g	8	18	80	88	**h**	9	19	90	99	100

4 ¡Escucha!

Escribe 1 a 10.
¿Qué número es?
(Write down 1 to 10.
Which number is it?)

Ejemplo: 1 – 12, 5 ...

Los números

1	uno	11	once	21	veintiuno
2	dos	12	doce	22	veintidós
3	tres	13	trece	30	treinta
4	cuatro	14	catorce	40	cuarenta
5	cinco	15	quince	50	cincuenta
6	seis	16	dieciséis	60	sesenta
7	siete	17	diecisiete	70	setenta
8	ocho	18	dieciocho	80	ochenta
9	nueve	19	diecinueve	90	noventa
10	diez	20	veinte	100	cien

0 cero	1000 mil	2000 dos mil	1 000 000 un millón

5 ¡Primero!

Busca las frases correctas
en las palabras clave.
(Find the right sentences in
the *Palabras clave*.)

Ejemplo: a – Me despierto.

6 ¡Escucha!

Escribe 1 a 6. ¿Cuándo **a**) se levantan
y **b**) se acuestan?
(Write down 1 to 6. At what time
do they **a)** get up and **b)** go to bed?)

7 ¡Escribe!

¿Cómo es tu rutina diaria?
Escribe las frases y complétalas.
(What about your daily routine?
Copy and complete the sentences.)

Ejemplo: Me despierto a las siete.

a Me despierto a las ...
b Me levanto a las ...
c Desayuno a las ...
d Salgo de casa a las ...
e Llego al instituto a las ...
f Me acuesto a las ...

8 ¡Habla!

Practica este diálogo con tu compañero/a, por turnos.
(Practise these dialogues in pairs. Then swap parts!)

¿A qué hora te despiertas?

A las 7.

¿A qué hora te levantas?

A las 7.15.

¿A qué hora sales de casa?

A las 8.30.

¿A qué hora te acuestas?

A las 10.30.

Ahora inventa tus propios diálogos.
(Now make up your own dialogues.)

Palabras clave

A	¿Qué hora es?		
B	Es	la una.	
	Son	las dos, tres, cuatro...	
	Son	las ocho	y	cinco, diez, cuarto ... media
	Son	las nueve	menos	cinco, diez, cuarto ... media

Me despierto a las ...   Me lavo.
Me levanto a las ...   Desayuno.
Me visto.   Me acuesto.
Bebo café.
Salgo de casa a las ...
Llego al instituto a las ...
Hago mis deberes ...

El desayuno

1 ¡Primero!

Mira los dibujos de la actividad 2. Busca las palabras correspondientes en las palabras clave.
(Look at the pictures in activity 2. Find the right words in the *Palabras clave*.)

2 ¡Escucha!

Escribe 1 a 10. **a)** ¿Qué comen? **b)** ¿Qué beben?
(Write down 1 to 10. What do they **a)** eat and **b)** drink?)

Ejemplo: 1 – b, h, p

Como ...

Bebo ...

3 ¡Escribe!

Escribe una lista. ¿Qué comes? ¿Qué bebes?
(Write a list. What do you have for breakfast?)

Ejemplo: Como ... Bebo ...
No como/bebo nada.

4 ¡Habla!

Practica estos diálogos con tu compañero/a, por turnos.
(Practise these dialogues in pairs. Then swap parts!)
Inventa tus propios diálogos.
(Now make up your own dialogues.)

a ¿Qué comes?

b ¿Qué bebes?

5 ¡Escribe!

Escribe las respuestas de tu compañero/a.
(Write down your partner's replies.)

Ejemplo: Él/Ella come … y bebe …

 6 ¡Escucha!

Escribe 1 a 8. ¿Prefieren el té (T) o el café (C)?
(Write down 1 to 8. Do they prefer to drink tea or coffee?)

Ejemplo: 1 – C

 7 ¡Escribe!

¿Y tú? ¿Prefieres el té o el café?
(What about you? Do you prefer tea or coffee?)

Ejemplo: Prefiero el …

Palabras clave

A	¿Qué comes?			
B	Como	un panecillo pan una tostada	con	mantequilla. mermelada. miel. Nocilla.
		yogur cereales queso fruta		
A	¿Qué bebes?			
B	Bebo	una taza	de té. de café. de chocolate caliente.	
		un vaso	de leche. de zumo de naranja. de zumo de manzana. de agua mineral. de limonada.	
A	¿Qué prefieres comer?	B	Prefiero comer …	
	¿Qué prefieres beber?		Prefiero beber …	

Al instituto

1 ¡Primero!

Mira el plano de la actividad 2. Busca las palabras en las palabras clave.
(Look at the plan in activity 2. Find the right words in the *Palabras clave*.)

2 ¡Escucha!

Escribe 1 a 6. ¿Adónde desean ir?
(Write down 1 to 6. Where do they want to go?)

Ejemplo: 1 – f (sala de informática)

Planta baja   *Entrada principal*

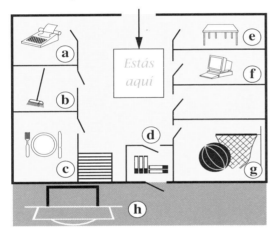

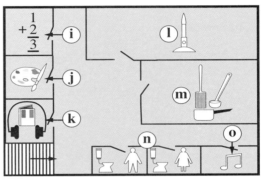

Primer piso

3 ¡Habla!

Mira el plano con tu compañero/a. Por turnos, dile a
la gente de la actividad 2 cómo se va a las salas.
(In pairs: look at the plan and take turns to give the right directions to
the people in activity 2.)

Palabras clave

A	¿Dónde está	la biblioteca/el gimnasio/la cantina?
		el laboratorio de química/de idiomas?
		el bedel/la bedela?
		la entrada principal/el campo de deporte/la sala de informática/de arte/
		de música/de cocina/de matemáticas?
		la secretaría/la oficina del director?
	¿Dónde están los servicios?	

B	Vaya	a la izquierda a la derecha	y es	la segunda puerta a la izquierda/ derecha. la primera puerta a la izquierda/derecha.
	Siga Sube	todo recto la escalera	y está	enfrente de la biblioteca/la sala de música. al lado de la secretaría. entre ... y ... .

4 ¡Primero!

Mira los dibujos de la actividad 5. Busca las palabras correctas en las palabras clave.
(Look at the pictures in activity 5. Find the right phrases in the *Palabras clave*.)

Ejemplo: a – a pie

5 ¡Escucha!

Escribe 1 a 8. ¿Cómo van al instituto?
(Write down 1 to 8. How do they get to school?)

Ejemplo: 1 – a

> Mi instituto se llama el instituto de San Pablo en Montenegro. Voy al instituto en autobús.

6 ¡Escribe!

¿Y tú? ¿Cómo vas al instituto? Completa esta frase.
(What about you? How do you get to school? Complete this sentence.)

Ejemplo: Voy al instituto ...

7 ¡Habla!

Por turnos, haz preguntas a tu compañero/a.
(In pairs: interview your partner. Then swap parts!)

> ¿Cómo vas al instituto?

> Voy al instituto ...

Escribe la respuesta de tu compañero/a.
(Write down your partner's reply.)

Ejemplo: Él/Ella va ...

8 ¡Habla!

Ahora haz preguntas a tu profesor/a.
(Now interview your teacher.)

> ¿Cómo va Vd. al instituto?

Palabras clave

A	¿Cómo vas al instituto?	
	¿Cómo va Vd. al instituto?	
B	Voy al instituto	a pie.
		en bicicleta.
		en moto.
		en autobús.
		en coche.

En la clase

1 ¡Primero!

Busca las palabras correctas en las palabras clave.
(Find the right words in the *Palabras clave*.)

Ejemplo: a – ciencias

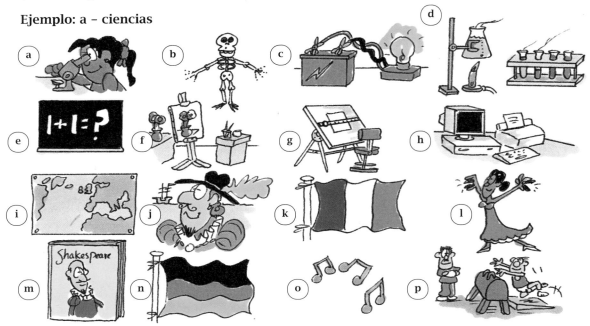

 ## 2 ¡Escucha!

Escribe 1 a 3. Mira el horario. ¿Qué día es?
(Write down 1 to 3. What day is it?)

Horario	Clase 10c				
	lunes	martes	miércoles	jueves	viernes
8.05–8.50	inglés	historia	arte	biología	francés
8.50–9.35	francés	biología	arte	historia	inglés
9.35–9.55	R	E	C	R	E	O
9.55–10.40	historia	español	mate	inglés	dibujo técnico
10.40–11.25	mate	mate	informática	español	
11.25–11.35	R	E	C	R	E	O
11.35–12.20	deporte	alemán	dibujo técnico	mate	
12.20–13.05	deporte	inglés	música	geografía	

3 ¡Escucha!

Copia la tabla y escribe la información sobre el horario de Sofía.
(Copy out the table and fill in Sofía's timetable.)

lunes	martes	miércoles	jueves	viernes
1 mate				

 4 ¡Escucha!

Escribe 1 a 6. ¿Qué asignaturas les gustan? (✔) ¿Qué asignaturas no les gustan? (✗)
(Write down 1 to 6. Which subjects do they like (✔) and not like (✗)?)

Ejemplo: 1 – (✔) inglés, (✗) mate

 5 ¡Escribe!

¿Y tú? Escribe una lista de las asignaturas que te gustan.
(What about you? Write out a list of the subjects you like.)

Ejemplo: Mi asignatura preferida es …
También me gusta …
No me gusta …

 6 ¡Habla!

Practica este diálogo con tu compañero/a, por turnos.
(Practise this dialogue in pairs. Then swap parts!)

¿Cuál es tu asignatura preferida?

Mi asignatura preferida es …

¿Qué te gusta también?

También me gusta …

¿Qué no te gusta?

No me gusta …

Escribe las respuestas de tu compañero/a.
(Write down your partner's replies.)

Ejemplo: Su asignatura preferida es …
También le gusta …
No le gusta …

Palabras clave

A	¿Cuál es tu asignatura preferida?	
B	Mi asignatura preferida es También me gusta No me gusta	el francés. el arte. la biología. la física. la química. la geografía. la música. la historia. la informática. el deporte. el español. el inglés. el alemán. el dibujo técnico.
	Mis asignaturas preferidas son No me gustan	las matemáticas. las ciencias.

¿Con ducha?

1 ¡Primero!

Mira los dibujos. Busca la palabra correspondiente en las palabras clave.
(Look at the pictures. Find the right word in the *Palabras clave*.)

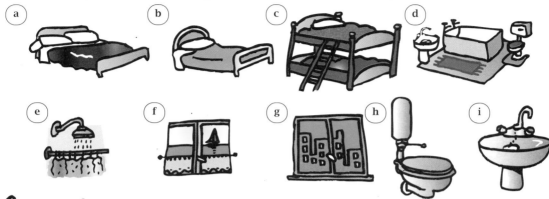

2 ¡Escucha!

Escribe 1 a 5. ¿Cuántas camas necesitan?
(Write down 1 to 5. How many beds do they need?)

Ejemplo: 1 – c

3 ¡Escucha!

Escribe 1 a 8. ¿Qué tipo de habitación quieren?
(Write down 1 to 8. What sort of room do they want?)

Ejemplo: 1 – d

4 ¡Escucha!

Escribe 1 a 6. ¿Qué habitación quieren?
(Write down 1 to 6. Which room do they want?)

Ejemplo: 1 – e

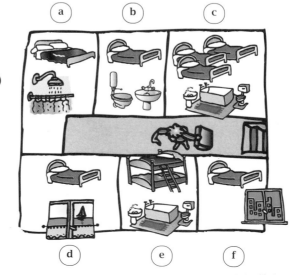

5 ¡Habla!

Mira los dibujos de la actividad 1. Con tu compañero/a, repasa el vocabulario.
(Look at the pictures in activity 1. In pairs: test yourselves!)

 6 ¡Habla!

Practica estos diálogos con tu compañero/a, por turnos.
(Practise these dialogues in pairs. Then swap parts!)

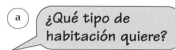

a ¿Qué tipo de habitación quiere?

Quisiera una habitación individual con ducha.

 7 ¡Escribe!

¡Ahora escribe estos diálogos!
(Now write up these dialogues.)

Palabras claves

A	¿Qué tipo de habitación quiere Vd.?			
B	Quisiera	una habitación individual	con	ducha.
		una habitación doble		baño.
		una habitación familiar		retrete.
				lavabo.
				tres camas.
				cama supletoria.
				litera.
				vistas al mar.
		una habitación que de a la calle.		

NOW LOOK AT
Extra 5!

En la oficina de turismo

1 ¡Primero!

Mira los dibujos de la actividad 2. Busca la palabra correspondiente en las palabras clave.
(Look at the pictures in activity 2. Find the right words in the *Palabras clave*.)

2 ¡Escucha!

Escribe 1 a 7.
¿Qué hay que ver aquí?
(Write down 1 to 7.
What is there to see here?)

Ejemplo: 1 – a

3 ¡Escucha!

Escribe 1 a 3. ¿Qué ciudad describen?
(Write down 1 to 3. Which town are they describing?)

4 ¡Escucha!

Escribe 1 a 8. ¿Qué quieren?
(Write down 1 to 8. What do they want?)

Ejemplo: 1 – b

5 ¡Habla!

Practica estos diálogos con tu compañero/a, por turnos.
(Practise these dialogues in pairs. Then swap parts!)

b ¿Málaga?

c ¿Sevilla?

a ¿Qué hay que ver en Valencia ?

Hay muchos bares y restaurantes.

¡Ahora escribe estos diálogos!
(Now write up these dialogues.)

6 ¡Escribe!

¿Puedes escribir estas palabras en el orden correcto?
(Can you unjumble these words?)

Ejemplo: a lista ...

a atlis ed secusioxern   **b** stail ed lesteho   **c** alpon ed al addiuc

7 ¡Escribe!

Copia la postal y rellena los espacios.
(Copy this postcard and fill in the gaps.)

Ejemplo: Hay un parque de atracciones, ...

LAGO DE LOS DUQUES

RESTAURANTE

¡Hola!
¡Estoy aquí en Lago de los Duques!¡ Me divierto mucho!
Hay _____ , _____ ,
_____ y _____ .
¡Hasta luego!

Palabras clave

A	¿Qué hay que ver aquí?	
	Quisiera	un plano de la ciudad.
		una guía de la ciudad.
		una lista de hoteles.
		una lista de excursiones.
B	Hay	el parque.
		la playa.
		la catedral.
		el castillo.
		el parque de atracciones.
		muchos restaurantes.
		muchos bares.

¡Qué divertido!

1 ¡Escucha!

Escribe 1 a 8. ¿Cuándo quieren salir?
(Write down 1 to 8. When do they want to go out?)

Ejemplo: 1 – c

a   b   c   d

2 ¡Escucha!

a) Escribe 1 a 9. ¿Qué quieren hacer?
(Write down 1 to 9. What do they want to do?)

Ejemplo: 1 – e

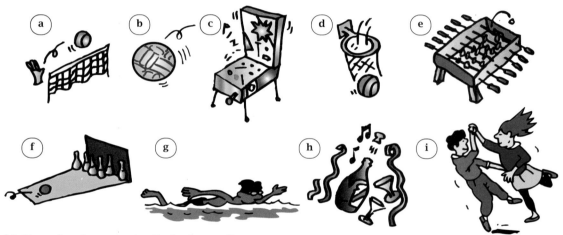

b) ¡Escucha de nuevo! ¿Qué piensan?
(Listen again. What do they think?)

a Vale.

b Sí, bien.

c ¡Qué buena idea!

d Sí, podemos hacerlo.

e ¿Por qué no?

3 ¡Habla!

Mira los dibujos de las actividades 1 y 2. Con tu compañero/a, repasa el vocabulario.
(Look at the symbols in activities 1 and 2. In pairs: test yourselves!)

4 ¡Habla!

¡Practica estos diálogos con tu compañero/a, por turnos!
(Practise these dialogues in pairs. Then swap parts!)

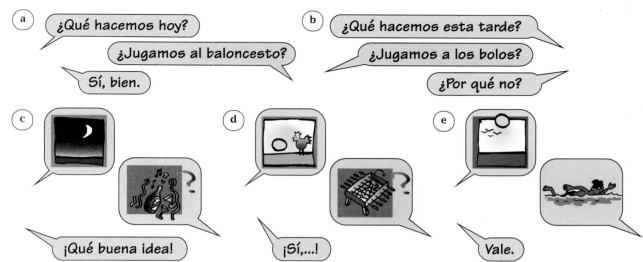

a
¿Qué hacemos hoy?
¿Jugamos al baloncesto?
Sí, bien.

b
¿Qué hacemos esta tarde?
¿Jugamos a los bolos?
¿Por qué no?

c ¡Qué buena idea!

d ¡Sí,...!

e Vale.

 5 ¡Lee!

Busca los dibujos correspondientes a las notas.
(Match the notes to the pictures.)

1 ¿Jugamos a los bolos esta tarde?

2 ¿Jugamos esta tarde a fliper?

3 ¿Damos una fiesta esta tarde?

4 ¿Jugamos hoy al fútbol?

Ahora escribe tres notas más.
(Now write three more notes.)

Palabras clave

A	¿Qué hacemos	hoy? esta mañana? esta tarde?
B	¿Damos una fiesta?	
	¿Jugamos	a los bolos? al fútbol? al baloncesto? al voleibol? al fútbol de mesa? al fliper?
	¿Vamos	a nadar? a bailar?
A	Vale. Sí, bien. ¡Qué buena idea! Sí, podemos hacerlo. ¿Por qué no?	

39

¿Dónde nos encontramos?

1 ¡Escucha!

Mira los dibujos y lee el texto.
(Look at the pictures and read the text.)

Alejandro está detrás de Nuria.
Clara está al lado de Nuria.
Jorge está delante de Nuria.

Elena está enfrente de Martín.

2 ¡Escucha!

Escribe 1 a 10. ¿Dónde van a encontrarse? Escoge **a**, **b**, o **c**.
(Write down 1 to 10. Where are they going to meet? Choose **a**, **b** or **c**.)

Ejemplo: **1 – b**

3 ¡Habla!

Mira los dibujos de las actividades 1 y 2. Con tu compañero/a, repasa el vocabulario.
(Look at the pictures in activities 1 and 2. In pairs: test yourselves!)

 4 ¡Habla!

Practica este diálogo con tu compañero/a, por turnos.
(Practise this dialogue in pairs. Then swap parts!)

(a)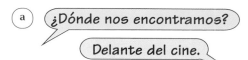

(b)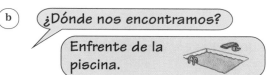

(c)

(d)

(e)

(f)

¡Inventa tus propios diálogos!
(Now make up your own dialogues!)

 5 ¡Escribe!

¡Escribe estos diálogos!
(Now write up these dialogues.)

Palabras clave

A	¿Dónde nos encontramos?	
B	Delante	del cine.
	Detrás	del bar.
	Enfrente	del estadio de patinaje.
	Al lado	
		de la piscina.
	En casa de Manuel/Marta.	

21 ¿Quieres acompañarme?

1 ¡Primero!

Mira los dibujos de la actividad 2. Busca las palabras correspondientes en las palabras clave.
(Look at the pictures in activity 2. Find the right word in the *Palabras clave*.)

2 ¡Escucha!

Escribe 1 a 10. ¿Qué quieren hacer?
(Write down 1 to 10. What do they want to do?)

Ejemplo: 1 – e

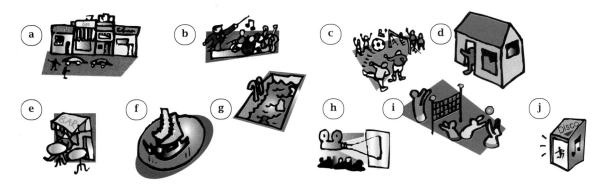

3 ¡Habla!

Mira los dibujos de la actividad 2. Con tu compañero/a, repasa el vocabulario.
(Look at the pictures in activity 2. In pairs: test yourselves!)

4 ¡Escucha!

Lee el texto.
(Read the text.)

¿Vamos a la ciudad esta tarde?

a No, no tengo ganas.

b No, me parece aburrido.

c No, no me va bien.

d No, no quiero.

e Me da igual.

5 ¡Escucha!

a) Escribe 1 a 6. ¿Qué quieren hacer?
(Write down 1 to 6. What do they want to do?)

Ejemplo: 1 – d

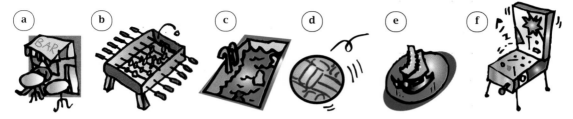

b) Escucha otra vez y lee las frases de la actividad 4. ¿Cómo declinan la invitación?
(Listen again and read the sentences in activity 4. How do they refuse the invitation?)

Ejemplo: 1 – c

6 ¡Escribe!

Tus amigos quieren salir. ¿Qué respondes?
(Your friends want to go out. What would you say to their offers?)

a ¿Quieres acompañarnos al cine esta tarde?

b ¿Nos encontramos más tarde en el bar?

c ¿Vamos a la ciudad mañana?

Palabras clave

A	¿Vamos a	patinar sobre hielo nadar	esta tarde?	B	No,	no tengo ganas. me parece aburrido. no me va bien. no quiero ir.
	¿Vamos	a la disco(teca) a la ciudad al bar al cine al concierto al partido de fútbol al partido de voleibol			Me da igual.	
	¿Jugamos	al fliper? al fútbol de mesa? al fútbol?				

¿Cuánto cuesta?

22

1 ¡Escucha!

Escribe 1 a 8. ¿Cuántas entradas quieren?
(Write down 1 to 8. How many tickets do they want?)

Ejemplo: 1 – c

(a) ENTRADA 1 ADULTO

(b) ENTRADA 1 ADULTO

(c) ENTRADA 1 ADULTO

(d) ENTRADA 1 ADULTO

(e) ENTRADA 1 ADULTO

2 ¡Escucha!

Escribe 1 a 6. ¿Cuánto cuesta?
(Write down 1 to 6. How much does it cost?)

Ejemplo: 1 – d

(a) 1000 MIL PESETAS

(b) 500

200   200   25   25

(c) 500   200   50

(d) 1000 MIL PESETAS

(e) 1000 MIL PESETAS

500   200   50

(f) 500

3 ¡Habla!

Mira los dibujos de las actividades 1 y 2. Con tu compañero/a, repasa el vocabulario.
(Look at the pictures in activities 1 and 2.
In pairs: test yourselves!)

Palabras clave

A	Una entrada, por favor.	
	Dos /tres /cuatro entradas, por favor.	
	¿Cuánto cuesta/es?	
B	Cuatrocientas cincuenta	pesetas.
	Quinientas	
	Mil	

3 ¿Qué tal fue?

1 ¡Primero!

Mira los dibujos de la actividad 2. Busca las palabras correspondientes en las palabras clave.
(Look at the pictures in activity 2. Find the right words in the *Palabras clave*.)

 ## 2 ¡Escucha!

Escribe 1 a 6. ¿Qué tal fue?
(Write down 1 to 6. How was it?)

Ejemplo: 1 – d

 ## 3 ¡Escucha!

Escribe 1 a 5. ¿Qué tal fue? Escribe **a** o **b**.
(Write down 1 to 5. How was it? Choose **a** or **b**.)

Ejemplo: 1 – a

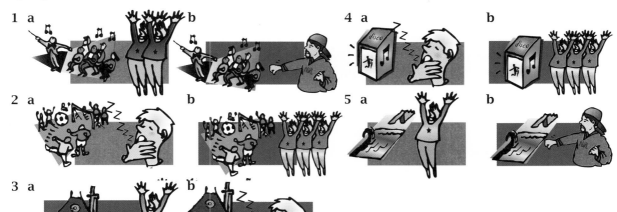

 ## 4 ¡Habla!

Mira los dibujos de las actividades 2 y 3. Con tu
compañero/a, repasa el vocabulario.
(Look at the symbols in activities 2 and 3.
In pairs: test yourselves!)

Palabras clave

A	¿Qué tal fue	en la disco? en la piscina? el partido de fútbol? el concierto?
B	Fue	fantástico. divertido. buenísimo. aburrido. fatal.
	No fue	muy bueno/a.

24 ¿Para ir al castillo, por favor?

1 ¡Primero!

Mira los dibujos de la actividad 2. Busca las palabras correspondientes en las palabras clave.

(Look at the pictures in activity 2. Find the right words in the *Palabras clave*.)

2 ¡Escucha!

Escribe 1 a 12. ¿Qué buscan?

(Write down 1 to 12. What are they looking for?)

Ejemplo: 1 – g

3 ¡Escucha!

Escribe 1 a 8. ¿A la izquierda, a la derecha o todo recto?

(Write down 1 to 8. Left, right or straight on?)

Ejemplo: 1 – c

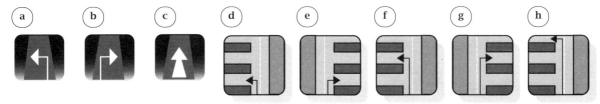

4 ¡Escucha!

Escribe 1 a 5. ¿Verdadero (V) o falso (F)?

(Write down 1 to 5. True or false?)

Ejemplo: 1 – F

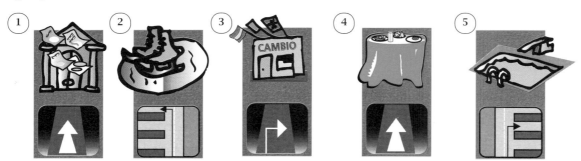

46

5 ¡Habla!

Mira los dibujos de las actividades 2 y 3. Con tu compañero/a, repasa el vocabulario.
(Look at the pictures in activities 2 and 3. In pairs: test yourselves!)

 6 ¡Habla!

Practica estos diálogos por turnos, con tu compañero/a.
(Practise these dialogues in pairs. Then swap parts!)

a   ¿Para ir al restaurante, por favor?   Siga todo recto.

b   ¿Para ir al banco, por favor?   Tome la segunda calle a la derecha.

 7 ¡Habla!

Con tu compañero/a, mira el plano de la ciudad y prepara otros diálogos por turnos.
(In pairs: use the map to invent more dialogues. Then swap parts!)

 8 ¡Escribe!

Escribe tres diálogos.
(Write up three of these dialogues.)

Palabras clave

A	¿Para ir	al parque?	B	Vaya	a la izquierda.
		al castillo?			a la derecha.
		al restaurante?		Siga	todo recto.
		al hotel?			
		al banco?		Tome	la primera calle a la izquierda.
		al parque de atracciones?			la segunda calle a la derecha.
		al estadio de patinaje?			
		a la oficina de cambio?			
		a la catedral?			
		a la piscina?			
		a la playa?			
		a la Plaza Mayor?			

El transporte público

 1 ¡Escucha!

¡Lee el texto y repite!
(Read the text and repeat.)

¿Es éste el autobús para la Puerta del Sol?

Sí, señor.

¿Cuánto cuesta un billete?

250 pesetas, por favor.

¿A qué hora llega el autobús?

Sobre las dos.

Vale, gracias.

 2 ¡Escucha!

¡Copia la tabla y rellénala!
(Copy the table. Fill it in.)

Ejemplo:

destino	número de billetes	precio	hora de llegada
Barcelona	1	2 000 ptas	7.00
Burgos			
Alicante			
Málaga			

 3 ¡Habla!

Haz estos diálogos con tu compañero/a, por turnos. Mira el diálogo de la actividad 1 y cambia los detalles.

(Practise these dialogues in pairs. Look at the dialogue in activity 1 and change the details.)

a
Destino: LA PLAZA MAYOR
Número de billetes: **2**
Precio: 500 ptas
Hora de llegada: 4:30

b
Destino: LA CATEDRAL
Número de billetes: **3**
Precio: 900 ptas
Hora de llegada: 7:30

c
Destino: EL MUSEO
Número de billetes: **5**
Precio: 1000 ptas
Hora de llegada: 9:00

d
Destino: LA PISCINA
Número de billetes: **3**
Precio: 1200 ptas
Hora de llegada: 10:00

4 ¡Lee!

Busca las frases correspondientes.
(Match up the Spanish and English.)

Ejemplo: Procede de Cádiz = *Starts in Cádiz*

(1) Circula diario excepto sábados
(2) Sólo circula laborables
(3) Procede de Cádiz
(A€) Andalucía Exprés
(R) Regional
Red Andalucía Exprés, trenes más rápidos, más cómodos y con aire acondicionado

Local train	Daily except Saturdays
Starts in Cádiz	more comfortable
Weekdays only	Andalusian Express train
Faster trains	with air conditioning

5 ¡Lee!

¿Qué tren deben tomar?
Copia el horario y rellénalo.
(Which train should they take?
Copy the timetable and fill it in.)

A2 — Sevilla → Córdoba → Jaén

Tren	Observaciones	Sevilla S. J.	La Rinconada	Brenes	Cantillana	Los Rosales	Guadajoz	Lora del Río	El Priorato	Peñaflor	Palma del Río	Posadas	Almodóvar	Villarrubia	Córdoba	Villa del Río	Andújar	Espeluy	Jaén
R	(2)	7.24	7.35	7.43	7.48	7.55	8.00	8.11	8.18	8.27	8.32	8.44	8.51	8.58	9.08	■			
A€	(1)	9.15	.	.	.	.	.	9.50	-	10.01	10.06	10.19	-	-	10.40	■			
R		12.54	13.05	13.13	13.18	13.25	13.30	13.41	-	13.52	13.57	14.10	-	-	14.30	■			
A€		15.10	.	.	.	.	.	15.44	-	15.56	16.01	16.14	-	-	16.34	■			
A€	(3)	18.46	.	.	.	.	.	19.20	-	19.35	19.40	19.53	-	-	20.14	20.50	21.07	21.23	21.54
A€	(1)	19.50	.	.	.	.	.	20.25	-	20.36	20.41	20.55	-	-	21.15	■			

destino	hora de salida	hora de llegada
Villa del Río		
		21.15
	18.46	19.35
Guadajoz	7.24	

Quiero bajarme aquí.

Palabras clave

A ¿Es éste el autobús para …?
   ¿Cuánto cuesta un billete, por favor?
   ¿Cuánto cuestan dos/tres billetes, por favor?
   ¿A qué hora llega el autobús?
   Quiero bajarme aquí, por favor.

B Sí, señor/señora.
   … pesetas, por favor.
   A/Sobre las …

26 Tengo hambre

1 ¡Primero!

Mira los dibujos de la actividad 2. Busca las palabras correspondientes en las palabras clave.
(Look at the pictures in activity 2. Find the right words in the *Palabras clave*.)

2 ¡Escucha!

Escribe 1 a 12. ¿Qué les gusta comer?
(Write down 1 to 12. What do they like to eat?)

Ejemplo: 1 – b

3 ¡Escucha!

Escribe 1 a 8. ¿Les gusta o no?
(Write down 1 to 8. Do they like these things or not?)

Ejemplo: 1 – d

4 ¡Habla!

Mira los dibujos de las actividades 2 y 3. Con tu compañero/a, repasa el vocabulario.
(Look at the pictures in activities 2 and 3. In pairs: test yourselves!)

5 ¡Habla!

Practica estos diálogos con tu compañero/a, por turnos.
(Practise these dialogues in pairs. Then swap parts!)

a ¿Qué te gusta comer?

Me gustan las verduras, pero prefiero las patatas fritas.

b ¿Qué te gusta?

No me gustan las salchichas, ni el bistec, pero prefiero el pollo.

c

d

e

6 ¡Escribe!

Llena los blancos.
(Fill in the gaps.)

Ejemplo: Carne de cordero con ....

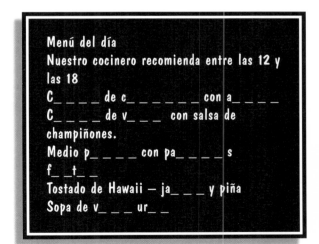

Menú del día
Nuestro cocinero recomienda entre las 12 y las 18
C_ _ _ _ _ de c_ _ _ _ _ _ _ _ con a_ _ _ _ _
C_ _ _ _ de v_ _ _ con salsa de champiñones.
Medio p_ _ _ _ con pa_ _ _ _ _ s
f_ _t_ _
Tostado de Hawaii – ja_ _ _ _ y piña
Sopa de v_ _ _ ur_ _

Palabras clave

A	¿Qué te gusta comer?	
B	Me gusta(n)	la carne de vaca.
	No me gusta(n)	la carne de cordero.
	No me gusta(n) nada	la carne de cerdo.
	Prefiero	el jamón.
		el pollo.
		el pescado.
		el arroz.
		las salchichas.
		las golosinas.
		las verduras.
		las patatas fritas.
		las pastas.

1 ¡Escucha!

Lee estos diálogos.
(Read these dialogues.)

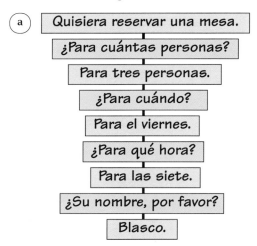

a)
- Quisiera reservar una mesa.
- ¿Para cuántas personas?
- Para tres personas.
- ¿Para cuándo?
- Para el viernes.
- ¿Para qué hora?
- Para las siete.
- ¿Su nombre, por favor?
- Blasco.

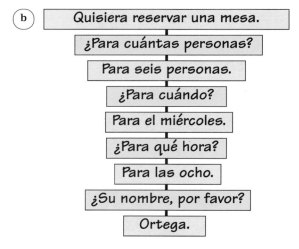

b)
- Quisiera reservar una mesa.
- ¿Para cuántas personas?
- Para seis personas.
- ¿Para cuándo?
- Para el miércoles.
- ¿Para qué hora?
- Para las ocho.
- ¿Su nombre, por favor?
- Ortega.

2 ¡Habla!

Practica estos diálogos con tu compañero/a, por turnos.
(Practise these dialogues in pairs. Then swap parts!)

3 ¡Escribe!

Pon este diálogo en el orden correcto.
(Write out this dialogue in the right order.)

- Para el lunes.
- Para las ocho.
- Quisiera reservar una mesa.
- Para ocho personas.
- ¿Para cuándo?
- ¿Su nombre, por favor?
- Ibáñez.
- ¿Para qué hora?
- ¿Para cuántas personas?

4 ¡Escucha!

Escribe 1 a 9. ¿Qué necesitan?
(Write down 1 to 9. What do they need?)

Ejemplo: 1 – c

a b c d e f g h i

5 ¡Escucha!

Lee este diálogo.
(Read this dialogue.).

Palabras clave

A		B	
		Quisiera reservar una mesa.	
¿Para cuántas personas?		Para dos, tres, cuatro, cinco, seis, siete, ocho, nueve personas.	
¿Para cuándo?		Para el lunes, martes, miércoles, jueves, viernes, sábado, domingo	
¿Para qué hora?		Para las siete. Para las siete y media. Para las ocho. Para las ocho y media. Para las nueve.	
¿Su nombre, por favor?		Umberto.	
¿Me puedes pasar		la sal, por favor? la pimienta, por favor? el pan, por favor?	
No tengo		una cuchara. un cuchillo. un tenedor. una servilleta. un plato. un vaso.	

28 La cafetería

1 ¡Primero!

Mira los dibujos de la actividad 2. Busca las palabras correspondientes en las palabras clave.
(Look at the pictures in activity 2. Find the right words in the *Palabras clave*.)

2 ¡Escucha!

Escribe 1 a 5. ¿Qué quieren comer?
(Write down 1 to 5. What do they want to eat?)

Ejemplo: 1 – d

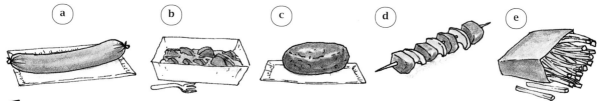

3 ¡Escucha!

Escribe 1 a 5. ¿Qué tipo de bocadillo quieren?
(Write down 1 to 5. What sort of sandwich do they want?)

Ejemplo: 1 – e

4 ¡Habla!

Mira los dibujos de las actividades 2 y 3. Repasa el vocabulario con tu compañero/a.
(Look at the pictures in activities 2 and 3. In pairs: test yourselves!)

Palabras clave

A	¿Qué quiere(n) usted(es)?		
B	Quisiera	un perrito caliente. albóndigas. una hamburguesa. una brocheta. (una porción de) patatas fritas.	
		un bocadillo de	queso. chorizo. atún. paté. jamón.

54

En la heladería

5 ¡Primero!

Mira los dibujos de la actividad 6. Busca las palabras correspondientes en las palabras clave.
(Look at the pictures in activity 6. Find the right words in the *Palabras clave*.)

6 ¡Escucha!

Escribe 1 a 8. ¿Qué piden?
(Write down 1 to 8. What do they order?)

Ejemplo: 1 – a

7 ¡Habla!

Mira los dibujos de la actividad 6. Repasa el vocabulario con tu compañero/a.
(Look at the pictures in activity 6. In pairs: test yourselves!)

8 ¡Habla!

Practica estos diálogos con tu compañero/a, por turnos.
(Practise these dialogues in pairs. Then swap parts!)

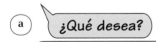

¿Qué desea?

Quisiera un helado de fresa, por favor.

Palabras clave

A	¿Qué desea?		
B	Quisiera	un helado de	grosella negra. limón. fresa. chocolate. café. vainilla. frambuesa. pistacho.

NOW LOOK AT
Extra 6!

29 El cambio

 1 ¡Escucha!

Lee el diálogo.
(Read this dialogue.)

Quisiera cambiar dinero, por favor. Cien libras esterlinas.

¿Tiene su pasaporte?

Aquí lo tiene.

 2 ¡Escucha!

Escribe 1 a 10. ¿Cuánto dinero quieren cambiar?
(Write down 1 to 10. How much money do they want to change?)

Ejemplo: 1 – £20

 3 ¡Habla!

Practica estos diálogos con tu compañero/a, por turnos.
(Practise these dialogues in pairs. Then swap parts!)

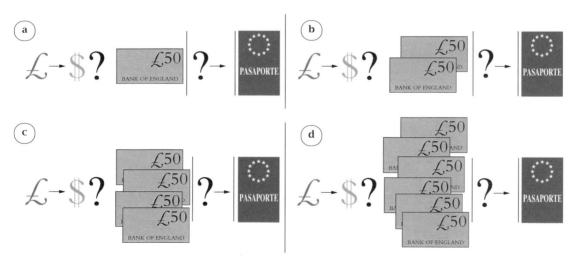

¡Ahora inventa tus propios diálogos!
(Now make up your own dialogues!)

4 ¡Escucha!

Lee este diálogo.
(Read this dialogue.)

5 ¡Habla!

Practica estos diálogos con tu compañero/a, por turnos.
(Practise these dialogues in pairs. Then swap parts!)

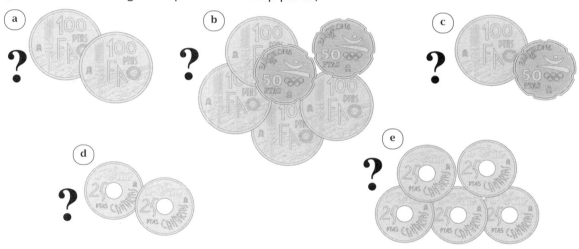

¡Ahora inventa tus propios diálogos!
(Now make up your own dialogues!)

Palabras clave

A	Quisiera cambiar dinero.	B	¿Tiene su pasaporte?
	Quisiera cambiar veinte libras esterlinas.		
	Quisiera hacer efectivo un cheque de viaje.		
	Gracias.		De nada.
	¿Tiene Vd. suelto?		Quizás. Pues, ¿qué necesita Vd.?
	¿Tiene una moneda de cien/cincuenta pesetas?		Sí, tome.

En el supermercado

1 ¡Primero!

Mira los dibujos de las actividades 2 y 3. Busca las palabras correspondientes en las palabras clave.

(Look at the pictures in activities 2 and 3. Find the right words in the *Palabras clave*.)

2 ¡Escucha!

Escribe 1 a 15. ¿Qué hay en la lista?

(Write down 1 to 15. What's on the list?)

Ejemplo: 1 – b

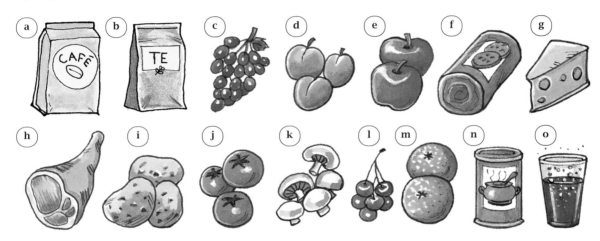

3 ¡Escucha!

a) Escribe 1 a 5. ¿Cuánto quieren?

(Write down 1 to 5. How much do they want?)

Ejemplo: 1 – c

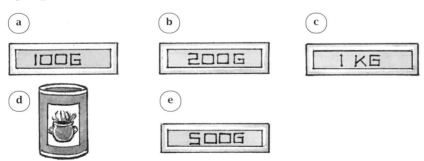

b) ¡Escucha otra vez! ¿Qué dicen los tenderos?

(Listen again. What do the shopkeepers say?)

Ejemplo: 1 – a

a ¿Algo más?

b ¿Es todo?

4 ¡Habla!

Quieres comprar estas cosas. ¿Qué dices?
(You want to buy these things. What do you say?)

(a)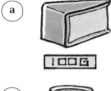

(b)

(c)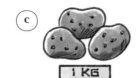

(d)

(e)

(f)

5 ¡Escribe!

¡Empareja los papelitos y escribe la lista!
(Match up the right pieces of paper and write out the list.)

un kilo de

un paquete de

cola

patatas

cien gramos de

galletas

una lata de

jamón

6 ¡Escribe!

Preparas una merienda. ¿Qué compras? Escribe una lista.
(You're going on a picnic. What will you buy? Write a list.)

Palabras clave

Cien gramos de Doscientos gramos de Un kilo de	queso. jamón. patatas. tomates. champiñones. uvas. cerezas. manzanas. naranjas. albaricoques.
Una lata de	cola. sopa.
Un paquete de	té. café. galletas.

Un regalo para ...

1 ¡Primero!

Mira los dibujos de la actividades 2 y 3. Busca las palabras correspondientes en las palabras clave.

(Look at the pictures in activities 2 and 3. Find the right words in the *Palabras clave*.)

2 ¡Escucha!

Escribe 1 a 8. ¿Para quién es el regalo?

(Write down 1 to 8. Who's the present for?)

Ejemplo: 1 – c

madre   abuela   hermana   padre   abuelo   hermano   Isabel   Ricardo

3 ¡Escucha!

Escribe 1 a 8. ¿Qué compran?

(Write down 1 to 8. What do they buy?)

Ejemplo: 1 – d

4 ¡Escucha!

Escribe 1 a 5. ¿Es una buena idea o no?

(Write down 1 to 5. Is it a good idea or not?)

Ejemplo: 1 – ✓

Sí, es una buena idea.   = ✔

No, no me gusta.   = ✗

No, es demasiado caro.

¡Pesetas!

5 ¡Escucha!

Se puede también mandar postales a casa.
Mira el dibujo y lee el texto.
(You can send postcards home too.
Look at the picture and read the text.)

¡Hola! Quisiera un sello para una postal a Inglaterra. ¿Cuánto cuesta, por favor?

 ## 6 ¡Habla!

Practica estos diálogos con tu
compañero/a, por turnos.
(Practise these dialogues in pairs.
Then swap parts!)

a Quisiera un regalo para mi madre.

¿Qué tal un llavero?

Sí, es una buena idea.

b

c

d

¡Ahora inventa tus propios
diálogos!
(Now make up your own
dialogues!)

Palabras clave

A	Quisiera un regalo para	mi madre.
		mi hermana.
		mi abuela.
		mi amiga.
		mi padre.
		mi hermano.
		mi abuelo.
		mi amigo.
B	¿Qué tal	un llavero?
		un monedero?
		un encendedor?
		un bolígrafo?
		un estuche?
		un osito?
		una cucharita?
		una bolsa?
A	Sí, es una buena idea.	
	No, no me gusta.	
	No, es demasiado caro.	

Las vacaciones de verano

1 ¡Primero!

Mira los dibujos de la actividad 2. Busca las frases correspondientes en las palabras clave.
(Look at the pictures in activity 2. Find the right phrases in the *Palabras claves*.)

2 ¡Escucha!

Escribe 1 a 8. ¿Dónde van a pasar sus vacaciones?
(Write down 1 to 8. Where are they spending their holidays?)

Ejemplo: 1 – a

3 ¡Escribe!

¿Dónde vas a pasar tus vacaciones este año?
(Where are you spending your holidays this year?)

Ejemplo: Voy a la costa.

4 ¡Habla!

Practica estos diálogos con tu compañero/a, por turnos.
(Practise these dialogues in pairs. Then swap parts.)

a) ¿Dónde vas a pasar tus vacaciones este año?
   Voy a la costa.

b) ¿Dónde vas a pasar tus vacaciones este año?
   Voy ....

c) ¿Dónde vas a pasar tus vacaciones este año?

¡Ahora inventa tus propios diálogos!
(Now make up your own dialogues!)

5 ¡Lee!

Con tu compañero/a:
¿Dónde pasan sus
vacaciones? Mira el
gráfico y lee la
información.
(In pairs: where do they
spend their holidays?
Look at the graph and
read the results aloud.)

Ejemplo: **28% de los
españoles van
a la costa.**

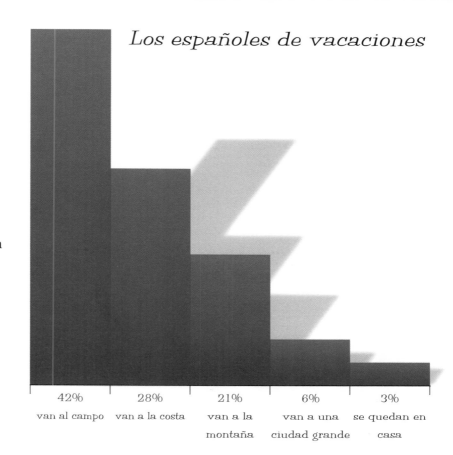

Los españoles de vacaciones

42%	28%	21%	6%	3%
van al campo	van a la costa	van a la montaña	van a una ciudad grande	se quedan en casa

6 ¡Habla!

¡Haz una encuesta! ¿Dónde vas a pasar tus vacaciones este año?
Escribe las respuestas en forma de un gráfico.
(Do a class survey: where are you going on
holiday this year? Present the results as a graph.)

¿Dónde vas a pasar tus
vacaciones este año?

Voy a .../ Me quedo ...

7 ¡Escribe!

Ahora escribe los resultados de la encuesta.
(Now write up the results of the survey.)

Ejemplo: **Una persona va/se queda ...
... personas van/se quedan ...**

Palabras claves

A	¿Dónde vas a pasar tus vacaciones este año?	
B	Voy	a la costa.
		al campo.
		a la montaña.
		a una ciudad grande.
	Me quedo en casa.	

33 ¿Qué se puede hacer?

1 ¡Primero!

Mira los dibujos de la actividad 2. Busca las frases correspondientes en las palabras clave.
(Look at the pictures in activity 2. Find the right phrases in the *Palabras clave*.)

Ejemplo: a – Me gusta descansar.

2 ¡Escucha!

Escribe 1 a 8. ¿Qué hacen en sus vacaciones?
(Write down 1 to 8. What do they do in their summer holidays?)

Ejemplo: 1 – b, a

3 ¡Escribe!

¿A ti, qué te gusta hacer en las vacaciones? Escribe una lista.
(What do you like to do in the summer holidays? Write a list.)

Ejemplo: Me gusta ...

4 ¡Habla!

Practica estos diálogos con tu compañero/a, por turnos.
(Practise these dialogues in pairs. Then swap parts!)

¡Ahora inventa tus propios diálogos!
(Now make up your own dialogues!)

5 ¡Escucha!

Escribe 1 a 8. ¿Qué no les gusta hacer?
(Write down 1 to 8. What don't they like doing?) →

Ejemplo: 1 – e, g

 6 ¡Escribe!

¿Qué no te gusta hacer? ¡Escribe una lista!
(What don't you like doing? Write a list.)

Ejemplo: **No me gusta jugar al tenis.
No me gusta tomar el sol.**

 7 ¡Habla!

Practica estos diálogos con tu compañero/a, por turnos.
(Practise these dialogues in pairs. Then swap parts!)

¡Ahora inventa tus propios diálogos!
(Now make up your own dialogues!)

 8 ¡Escucha!

Escucha los resultados de nuestra encuesta. Copia la tabla y rellénala.
(Listen to the results of our survey. Copy the table and fill it in.)

1	nadar	
2	tomar el sol	
3	montar a caballo	
4	practicar el windsurf	
5	descansar	
6	jugar al voleibol	

 9 ¡Escribe!

Escribe los resultados de la encuesta.
(Now write up the results of the survey.)

Ejemplo: **A una persona le gusta
montar a caballo.
A dos personas les gusta
tomar el sol.**

Palabras clave

A	¿Qué (no) te gusta hacer en las vacaciones?	
B	Me gusta	bucear.
	No me gusta	trabajar.
	Tampoco me gusta	montar a caballo.
		nadar.
		practicar el windsurf.
		ir de camping.
		tomar el sol.
		dar un paseo.
		hacer alpinismo.
		hacer piragüismo.
		montar en bicicleta.
		jugar al tenis.
		jugar al voleibol.
	(No) me gusta descansar.	

34

El año pasado

1 ¡Primero!

Mira los dibujos de la actividad 2. Busca las frases correspondientes en las palabras clave.
(Look at the pictures in activity 2. Find the right phrases in the *Palabras clave*.)

Ejemplo: a – Fui al campo.

2 ¡Escucha!

Escribe 1 a 6. ¿Adónde fueron?
(Write down 1 to 6. Where did they go?)

Ejemplo: 1 – b

3 ¡Escribe!

¿Dónde pasaste tus vacaciones el año pasado?
(Where did you spend your holidays last year?)

Ejemplo: Me quedé en casa.

4 ¡Habla!

Mira los dibujos de la actividad 2. Repasa el vocabulario con tu compañero/a.
(Look at the pictures in activity 2. In pairs: test yourselves!)

5 ¡Habla!

Practica estos diálogos con tu compañero/a, por turnos.
(Practise these dialogues in pairs. Then swap parts!)

a
¿Dónde pasaste tus vacaciones el año pasado?

Fui ...

b
¿Dónde pasaste tus vacaciones el año pasado?

¡Ahora inventa tus propios diálogos!
(Now make up you own dialogues!)

6 ¡Escucha!

Escribe 1 a 6. ¿Qué hicieron?
(Write down 1 to 6. What did they do?)

Ejemplo: 1 – j, i

7 ¡Habla!

Practica estos diálogos con tu
compañero/a, por turnos.
(Now practise these dialogues in pairs.
Then swap parts!)

¡Ahora inventa tus propios diálogos!
(Now make up your own dialogues!)

a ¿Qué hiciste?

b ¿Qué hiciste?

8 ¡Escribe!

¿Qué hiciste?
(What did you do?)

Ejemplo: Fui a … . Hice …

Palabras clave

A	¿Dónde pasaste tus vacaciones el año pasado?	
B	Fui	a la costa.
		al campo.
		a la montaña.
		a una ciudad grande.
	Me quedé	en casa.

A	¿Qué hiciste?	
B	Monté	en bicicleta.
		a caballo.
	Nadé.	
	Buceé.	
	Hice	piragüismo.
		esquí acuático.
		alpinismo.
	Practiqué	el windsurf.
	Fui	de camping.
	Jugué	al fútbol de mesa.
		al voleibol.
		al tenis.
		a las cartas.
	Encontré	a amigos.

NOW LOOK AT
Extra 7!

35 Vamos

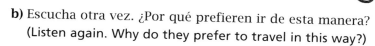

1 ¡Escucha!

a) Escribe 1 a 8. ¿Cómo prefieren ir?
(Write down 1 to 8. How do they prefer to travel?)

Ejemplo: 1 – c

b) Escucha otra vez. ¿Por qué prefieren ir de esta manera?
(Listen again. Why do they prefer to travel in this way?)

Ejemplo: 1 – e

a Es más rápido.

b No es tan caro.

c Es más cómodo.

d Es más interesante.

e Me gusta.

f No es tan estresante.

2 ¡Escribe!

¿Cómo prefieres ir? ¿Por qué?
(How do you prefer to travel? Why?)

Ejemplo: Prefiero ir en bicicleta. Es más interesante.

3 ¡Habla!

Practica estos diálogos con tu compañero/a, por turnos.
(Practise these dialogues in pairs. Then swap parts!)

a ¿Cómo prefieres ir?

b ¿Cómo prefieres ir de vacaciones?

4 ¡Escucha!

a) Escribe 1 a 6. ¿Cuándo van de vacaciones?
(Write down 1 to 6. When do they leave?)

Ejemplo: 1 – d

a 11. DE JULIO

b 23. DE JULIO

c 28. DE JULIO

d 2. DE AGOSTO

e 7. DE AGOSTO

f 15. DE AGOSTO

b) Escucha otra vez. ¿Cuánto tiempo van a quedarse?
(Listen again. How long are they away on holiday?)

Ejemplo: 1 – c

a un fin de semana

b cinco días

c una semana

d diez días

e dos semanas

f un mes

5 ¡Habla!

Practica estos diálogos con tu compañero/a,
por turnos.
(Practise these dialogues in pairs.
Then swap parts!)

Ejemplo:
a – ¿Cuándo vas de vacaciones?
   El 11 de julio.
   ¿Cuánto tiempo vas a quedarte?
   Una semana.

a — 11 de julio / una semana
b — 23 de julio / un mes
c — 28 de julio / dos semanas
d — 2 de agosto / cinco días
e — 7 de agosto / tres semanas
f — 15 de agosto / diez días

6 ¡Escucha!

Escribe 1 a 5. ¿En qué van?
(Write down 1 to 5. How are they travelling?)

Ejemplo: 1 – e

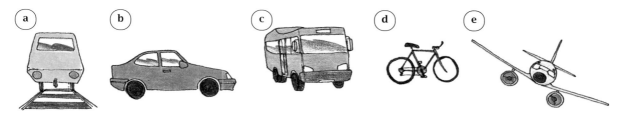

a b c d e

Palabras clave

A	¿Cómo prefieres ir?	B	Prefiero ir		a pie / en coche. / en bicicleta. / en tren. / en barco. / en autocar. / en avión.
	¿Por qué?		Es	más	rápido. / cómodo. / interesante. / barato.
			No es	tan	caro. / aburrido. / estresante.
	¿Cuándo vas de vacaciones?		El uno, dos, tres de septiembre.		
	¿Cuánto tiempo vas a quedarte?		Un día, dos días. / Una semana, dos semanas. / Un mes, dos meses. / Un fin de semana.		

¿Hotel, apartamento o camping?

1 ¡Escucha!

Escribe 1 a 6. ¿Dónde pasan sus vacaciones?
(Write down 1 to 6. Where do they spend their holidays?)

a Hotel Levante

b Hostal Piñar

c Apartamentos Sol y Mar

d CAMPING LOS ALMENDROS

e ALBERGUE JUVENIL

f CENTRO DE VACACIONES

2 ¡Lee!

¿Adónde van? Copia la tabla y rellénala.
(Where are they going? Copy out the table and fill it in.)

	¿Adónde?
Ejemplo: Sonia	Hotel
Pedro	
Pablo	
Marcos	
Juana	
Mari Carmen	

a
Nos quedamos en un hotel en Tarragona en la playa.
Sonia

b
Nos quedamos en Apartamentos Sol y Mar en la costa en la isla de Ibiza.
Pedro

c
Queremos hacer camping. Vamos a un camping en la costa.
Pablo

d
Vamos a dar una vuelta en bicicleta y nos quedamos en un albergue juvenil.
Marcos

e
Mi familia quiere pasar las vacaciones en el campo.
Juana

f
Vamos a un centro de vacaciones. Está en un bosque grande. Hay una piscina cubierta y una piscina al aire libre, también hay campos de tenis, voleibol y fútbol. Se puede también montar en bicicleta de montaña. Nos alojamos en chalets.
Mari Carmen

3 ¡Habla!

Mira los dibujos y repasa el vocabulario con tu compañero/a.
(In pairs: look at the pictures and test yourselves!)

 4 ¡Escribe!

¿Dónde prefieres quedarte?
(Where do you prefer to stay on holiday?)

Ejemplo: Prefiero quedarme en una pensión.

 5 ¡Habla!

Practica estos diálogos con tu compañero/a, por turnos.
(Practise these dialogues in pairs. Then swap parts!)

a ¿Dónde prefieres quedarte de vacaciones?

Prefiero quedarme ...

b ¿Dónde prefieres quedarte de vacaciones?

Prefiero quedarme ...

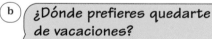

Ahora inventa tus propios diálogos.
(Now make up your own dialogues!)

Palabras clave

A	¿Dónde prefieres pasar tus vacaciones? ¿Dónde prefieres quedarte de vacaciones?	
B	Prefiero quedarme en	un hotel.
		una pensión.
		un albergue juvenil.
		un centro de vacaciones.
		un apartamento de vacaciones.
		una caravana.
		un camping.

La recepción

1 ¡Escucha!

a) Escribe 1 a 8. ¿Para cuántas personas?
(Write down 1 to 8. How many people is it for?)

b) Escucha otra vez. ¿Para cuántas noches?
(Listen again. How many nights do they want to stay?)

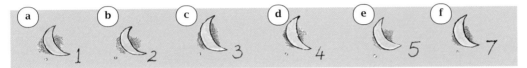

2 ¡Habla!

Practica este diálogo en el
hotel con tu compañero/a,
por turnos.
(Practise this hotel dialogue
in pairs. Then swap parts!)

¿Tiene una habitación libre?

¿Para cuántas personas?

Para ... personas.

¿Para cuántas noches?

🌙1 / 🌙2 / 🌙7

Sí, habitacion 12. Aquí tiene la llave.　　Lo siento mucho. No tenemos habitaciones.

3 ¡Habla!

Practica este diálogo en el albergue juvenil con tu compañero/a, por turnos.
(Practise this youth hostel dialogue in pairs. Then swap parts!)

Buenos días. ¿Tiene un sitio libre?

¿Para cuántas personas?

Para 👤👤　y 👤👤👤 / 👤👤👤　y 👤👤 / 👤　y 👤 / 👤👤👤👤 .

¿Cuánto tiempo quiere quedarse?

🌙3　　🌙2　　🌙7　　🌙7+7

¿Cuánto cuesta?

1500 pesetas por persona por noche con desayuno.

Muchas gracias. ¿Dónde está el comedor?

Allí está.

👤 = Adulto

👤 = Niño

4 ¡Escucha!

¡Escucha con atención la pronunciación!
(Listen carefully and pay particular attention to the pronunciation!)

 # 5 ¡Habla!

Practica este diálogo con tu compañero/a, por turnos.
(Practise this dialogue in pairs. Then swap parts!)

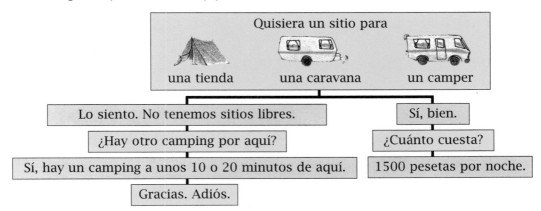

Palabras clave

A	¿Tiene una habitación para esta noche?	
B	¿Para cuántas personas?	
A	Para	una persona. dos personas. un adulto. dos adultos. un niño. dos niños.
B	Sí, bien. Lo siento. No tenemos habitaciones.	
A	¿Cuánto cuesta por persona por noche con desayuno?	
	¿Dónde está	el cuarto de baño? el comedor?
	¿Dónde están los servicios?	
B	Cuesta ... Es ...	

A	¿Tiene un sitio libre?	
	Quisiera un sitio para	una tienda una caravana un camper
B	¿Para cuántas noches?	
A	Una	noche semana
	Dos	noches. semanas.
B	Sí, bien. Lo siento. No tenemos sitios libres.	
A	¿Hay otro camping por aquí?	
B	Sí, hay un camping a unos 10 o 20 minutos de aquí.	

NOW LOOK AT
Extra 8!

Me quedo en casa

1 ¡Primero!

Mira los dibujos de la actividad 2. Busca las frases correspondientes en las palabras clave.
(Look at the pictures in activity 2. Find the right phrases in the *Palabras clave*.)

2 ¡Escucha!

Escribe 1 a 8. ¿Qué hacen?
(Write down 1 to 8. What are they doing?)

Ejemplo: 1 – m, g

3 ¡Escribe!

¿Qué haces en tu tiempo libre?
(How do you spend your leisure time? Write a list.)

Ejemplo: Escucho música/ ...

4 ¡Habla!

Practica estos diálogos con tu compañero/a por turnos.
(Practise these dialogues in pairs. Then swap parts!)

¡Ahora inventa tus propios diálogos!
(Now make up your own dialogues!)

5 ¡Escucha!

Escribe 1 a 6. ¿Con quién salen?
(Write down 1 to 6. Who are they going out with?)

Ejemplo: Juan – b

a hermana

b amiga

c padres

d amigos

e hermano

f solo/a

6 ¡Escribe!

Completa estas frases.
(Complete these sentences.)

a Voy al instituto con .....
b Voy de compras con ...
c Bailo con .....
d Practico deporte con ..
e Voy al cine con ...
f Voy de vacaciones con ...

Palabras clave

A	¿Qué haces?		
B	Descanso. Juego con el ordenador. Veo vídeos.		
	Toco un instrumento	con	mis padres.
	Leo		mi amigo/a.
	Como en la cafetería		mis amigos/as.
	Juego a las cartas		
	Practico deporte		mi mejor amigo/a.
	Bailo		mi padre/madre.
	Escucho música		mi hermano/a.
		solo/a	
	Trabajo		
	Veo la tele		
	Voy de compras		
	Voy a bailar		
	Salgo		

39 Vamos en tren

1 ¡Escucha!

a) Escribe 1 a 6. ¿Cuándo sale el tren para Madrid?
(Write down 1 to 6. At what time does the train for Madrid leave?)

Ejemplo: 1 – c

b) Escucha otra vez. ¿De qué andén sale?
(Listen again. From which platform does the train leave?)

Ejemplo: 1 – 7

2 ¡Escucha!

a) Escribe 1 a 6. ¿Hay que cambiar? Escribe Sí (✓) o No (✗).
(Write down 1 to 6. Do you have to change? Write down Yes (✓) or No (✗).)

b) Escucha otra vez. ¿Hay que reservar un asiento? Escribe Sí (✓) o No (✗).
(Listen again. Do you have to book a seat? Write down Yes (✓) or No (✗).)

3 ¡Escucha!

a) Escribe 1 a 8. ¿Adónde van?
(Write down 1 to 8. Where are they going?)

Ejemplo: 1 – Burgos

Zaragoza León Córdoba
Valencia Burgos
Santander Bilbao Barcelona

6.14 7.39 8.14
9.07 10.28 11.45
13.09 12.56

b) Escucha otra vez. ¿A qué hora sale el tren?
(Listen again. At what time does the train leave?)

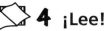 **4** **¡Lee!**

Con tu compañero/a lee las salidas en voz alta, por turnos.
(In pairs: take turns to read the departure board aloud.)

Ejemplo: El tren para La Manga sale a las doce menos cinco del andén ocho.

Salidas			
HORA	NÚMERO	DIRECCIÓN	ANDÉN
11.55	R 3576	La Manga	**8**
12.05	R 3577	Badajoz	**2**
12.08	8559	Soria	**10**
12.49	IC# 2074	Cuenca	**8**
12.53	2457	Granada	**9**
12.53	IC 56	Sevilla	**2**
12.58	3774	Cádiz	**5**
13.12	IC# 651	Huelva	**9**

R = tren rápido
IC = InterCity
IC# = con suplemento

 5 **¡Habla!**

Mira el horario otra vez. ¡Practica este diálogo con tu compañero/a, por turnos!
(Look at the timetable again. Practise this dialogue in pairs. Then swap parts!)

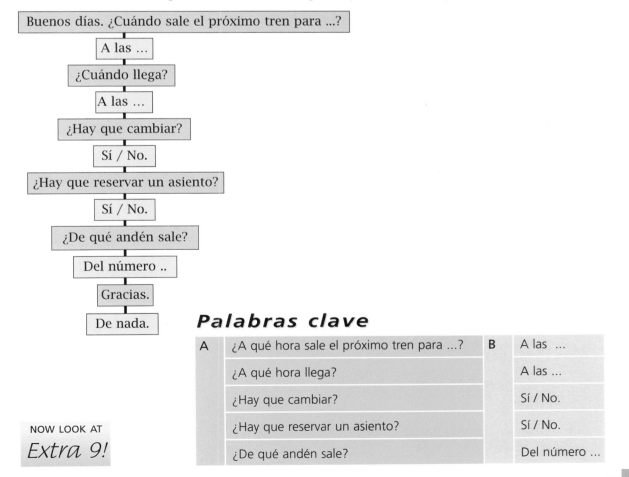

Buenos días. ¿Cuándo sale el próximo tren para ...?

A las ...

¿Cuándo llega?

A las ...

¿Hay que cambiar?

Sí / No.

¿Hay que reservar un asiento?

Sí / No.

¿De qué andén sale?

Del número ..

Gracias.

De nada.

Palabras clave

A		B	
	¿A qué hora sale el próximo tren para ...?	B	A las ...
	¿A qué hora llega?		A las ...
	¿Hay que cambiar?		Sí / No.
	¿Hay que reservar un asiento?		Sí / No.
	¿De qué andén sale?		Del número ...

NOW LOOK AT
Extra 9!

En la estación

 1 ¡Escucha!

Escribe 1 a 4. ¿Qué compran?
(Write down 1 to 4.
What are they buying?)

Ejemplo: 1 – b

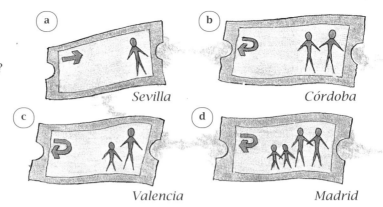

Sevilla

Córdoba

Valencia

Madrid

 2 ¡Habla!

Mira los dibujos de la actividad 1 otra vez. ¿Qué tipo de billetes compran? Repasa el vocabulario con tu compañero/a.
(Look at the pictures in activity 1 again. What sorts of tickets are they buying? In pairs: test yourselves!)

Ejemplo: **Quisiera un billete de ida y vuelta para dos adultos a ...**
Dos adultos, ida y vuelta a ...

 3 ¡Habla!

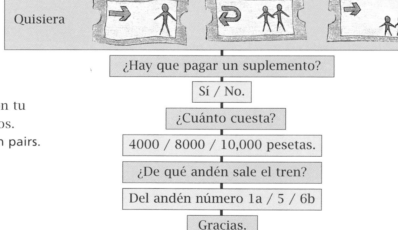

Quisiera

¿Hay que pagar un suplemento?

Sí / No.

¿Cuánto cuesta?

4000 / 8000 / 10,000 pesetas.

¿De qué andén sale el tren?

Del andén número 1a / 5 / 6b

Gracias.

Practica este diálogo con tu compañero/a, por turnos.
(Practise this dialogue in pairs.
Then swap parts!)

Palabras clave

Quisiera	un billete dos billetes tres billetes	sencillo(s) de ida y vuelta	para	un niño un adulto	a ...
	un sencillo dos de ida y vuelta				

¿Hay que pagar un suplemento?
¿Cuánto es / cuesta?

En Correos

1 ¡Escucha!

Escribe 1 a 6. ¿Qué quieren?
(Write down 1 to 6. What do they want?)

Ejemplo: 1 – a

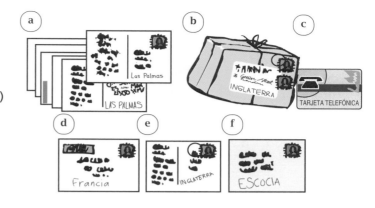

2 ¡Habla!

Mira los dibujos de la actividad 1. Repasa el vocabulario con tu compañero/a.
(Look at the pictures in activity 1. In pairs: test yourselves!)

Ejemplo: **Quisiera mandar un paquete a ... . ¿Cuánto cuesta, por favor?**
Quisiera un sello para ..., por favor.

3 ¡Habla!

Practica este diálogo en Correos con tu compañero/a, por turnos.
(Practise this dialogue at the post office in pairs. Then swap parts!)

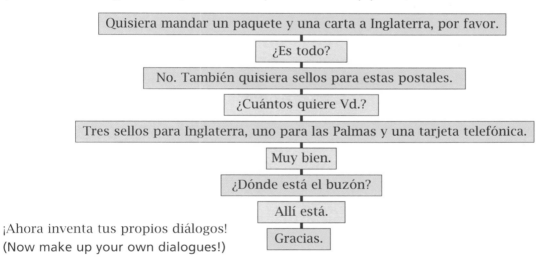

Quisiera mandar un paquete y una carta a Inglaterra, por favor.

¿Es todo?

No. También quisiera sellos para estas postales.

¿Cuántos quiere Vd.?

Tres sellos para Inglaterra, uno para las Palmas y una tarjeta telefónica.

Muy bien.

¿Dónde está el buzón?

Allí está.

Gracias.

¡Ahora inventa tus propios diálogos!
(Now make up your own dialogues!)

Palabras clave

Quisiera mandar	un/este paquete una/esta carta una/esta postal una/esta tarjeta	a	Inglaterra. Escocia. Francia. España.
	un sello dos sellos	para	una carta a … una postal .
	un sello	de	50 pesetas.

Quisiera una tarjeta telefónica.
¿Dónde está el buzón?
¿Cuánto cuesta mandar una carta/una postal/un paquete a ..., por favor?

NOW LOOK AT
Extra 10!

De camino

1 ¡Escucha!

Escribe 1 a 6. ¿Qué quieren?
(Write down 1 to 6.
What do they want?)

Ejemplo: 1 – b

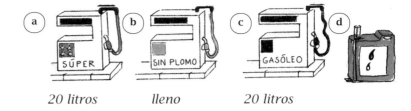

a — SÚPER · b — SIN PLOMO · c — GASÓLEO · d

20 litros   *lleno*   *20 litros*

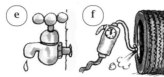

e   f   g   h

2 ¡Habla!

Mira los dibujos de la
actividad 1. Repasa el
vocabulario con tu
compañero/a.
(Look at the pictures in
activity 1. In pairs: test
yourselves!)

3 ¡Habla!

Practica este diálogo en
la gasolinera con tu
compañero/a, por turnos.
(Practise this dialogue at
the petrol station in pairs.
Then swap parts!)

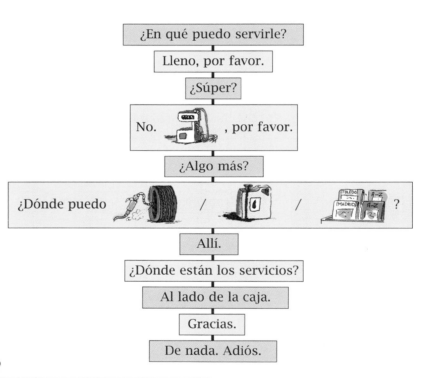

¿En qué puedo servirle?

Lleno, por favor.

¿Súper?

No. ___ , por favor.

¿Algo más?

¿Dónde puedo ___ / ___ / ___ ?

Allí.

¿Dónde están los servicios?

Al lado de la caja.

Gracias.

De nada. Adiós.

Palabras clave

A	¿En qué puedo servirle?	
B	Lleno, por favor.	
	20 litros	de súper/sin plomo.
		de gasóleo por 2000 pesetas, por favor.
A	¿Algo más?	
B	¿Dónde puedo	comprar aceite / un mapa?
		verificar la presión / el agua?
		encontrar agua?
	¿Dónde está la caja?	
	¿Dónde están los servicios?	

4 ¡Primero!

Mira los dibujos de la actividad 5. Busca las frases correspondientes en las palabras clave.
(Look at the pictures in activity 5. Find the right phrases in the *Palabras clave*.)

Ejemplo: Se me ha pinchado una rueda.

5 ¡Escucha!

Escribe 1 a 6. ¿Qué problema tienen?
(Write down 1 to 6. Which problem is it?)

Ejemplo: 1 – f

¿Cómo puedo ayudarle?

Tengo una avería.

¿Dónde está Vd.?

En la autopista, dirección ...

¿Cuál es el problema?

¿Qué tipo de coche tiene?

Seat.

¿De qué color?

Azul claro.

¿Cuál es la matrícula?

B 6549.

Quédese con el coche. Dentro de media hora viene un mecánico.

Gracias.

6 ¡Habla!

Practica este diálogo por turnos, con tu compañero/a.
(Practise this dialogue in pairs. Then swap parts!)

Palabras clave

A	¿Cómo puedo ayudarle?	B	Tengo una avería.
	¿Cuál es el problema?		Se me ha pinchado una rueda.
			El motor no arranca.
			Necesito agua.
			Los limpiaparabrisas están rotos.
			Los frenos no funcionan.
			Una bombilla / Un intermitente está rota/roto.

A	¿Dónde está Vd.?	B	En la autopista, dirección ...
	¿Qué tipo de coche tiene?		Seat.
	¿De qué color ?		Negro.
	¿Cuál es la matrícula?		B 2874
	Quédese con el coche. Dentro de media hora viene un mecánico.		

En el gran almacén

1 ¡Primero!

Busca las palabras correspondientes en
las palabras clave.
(Find the right words in the *Palabras clave*.)

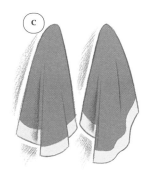

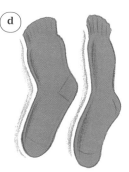

Palabras clave

el		la	
	queso		falda
	chorizo		raqueta de tenis
	lápiz de labios		tarjeta de cumpleaños
	paraguas		sudadera
	vestido		chaqueta de vaquero
	perfume		ropa infantil
los			
	vaqueros		
	calcetines de caballero	las	toallas
	utensilios de cocina		

2 ¡Escribe!

Mira los dibujos en la página 82. ¿En qué piso se encuentran las cosas?
(Look at the pictures on page 82. On which floor can you find the things?)

Ejemplo: raquetas de tenís – segundo piso

 3 ¡Escucha!

Escribe 1 a 8. Mira la guía. ¿En qué piso está?
(Write down 1 to 8. Look at the store guide.
What floor is it on?)

Ejemplo: 1 – sótano (aparcamiento)

 4 ¡Habla!

Practica este diálogo por turnos, con tu compañero/a.
(Practise this dialogue in pairs. Then swap parts!)

Tercer piso
Restaurante
Cambio
Agencia de viajes

Segundo piso
Ropa de caballero
Artículos de deporte
Lencería

Primer piso
Ropa de señora
Departamento de niños
Cafetería

Planta baja
Papelería
Maquillaje y bisutería
Perfumería
Paraguas
Recuerdos

Sótano
Todo para la cocina
Comestibles
Aparcamiento

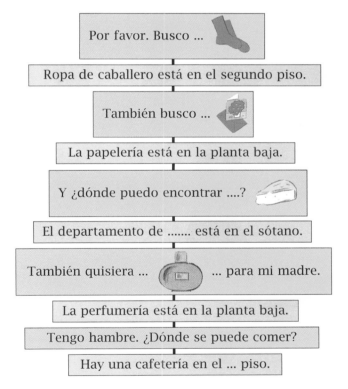

Por favor. Busco ...

Ropa de caballero está en el segundo piso.

También busco ...

La papelería está en la planta baja.

Y ¿dónde puedo encontrar ....?

El departamento de .... está en el sótano.

También quisiera ... ... para mi madre.

La perfumería está en la planta baja.

Tengo hambre. ¿Dónde se puede comer?

Hay una cafetería en el ... piso.

¡Ahora inventa tus propios diálogos!
(Now make up your own dialogues!)

Palabras clave

A	Quisiera .../ Busco ...			
B	El departamento	de caballeros de señoras	está en	el primer piso. el segundo piso.
	La papelería La oficina de cambio La perfumería			el tercer piso. la planta baja. el sótano.

La ropa

1 ¡Primero!

Mira los dibujos de la actividad 2. Busca las palabras correspondientes en las palabras clave.
(Look at the pictures in activity 2. Find the right words in the *Palabras clave*.)

 ## 2 ¡Escucha!

Escribe 1 a 8. ¿Qué buscan?
(Write down 1 to 8. What are they looking for?)

Ejemplo: 1 – n

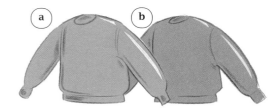

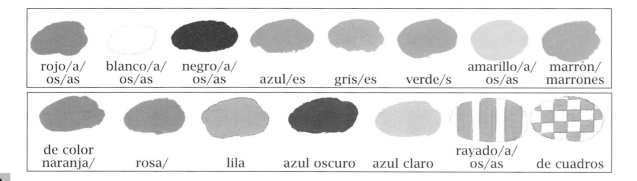

rojo/a/ os/as	blanco/a/ os/as	negro/a/ os/as	azul/es	gris/es	verde/s	amarillo/a/ os/as	marrón/ marrones

de color naranja/	rosa/	lila	azul oscuro	azul claro	rayado/a/ os/as	de cuadros

3 ¡Escucha!

Escribe 1 a 8. ¿Cuánto cuesta?
(Write down 1 to 8. How much does it cost?)

Ejemplo: 1: 5 000 pesetas

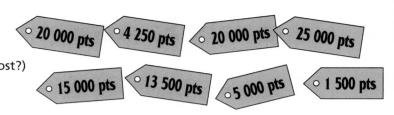

20 000 pts   4 250 pts   20 000 pts   25 000 pts
15 000 pts   13 500 pts   5 000 pts   1 500 pts

4 ¡Escucha!

Escribe 1 a 6. ¿Qué problema hay?
(Write down 1 to 6. What is the problem?)

Ejemplo: 1 – a   (a) *demasiado grande*   (b) *demasiado pequeño*   (c) *demasiado caro*

5 ¡Habla!

Practica este diálogo con tu
compañero/a, por turnos.
(Practise this dialogue in the clothes
department in pairs.
Then swap parts!)

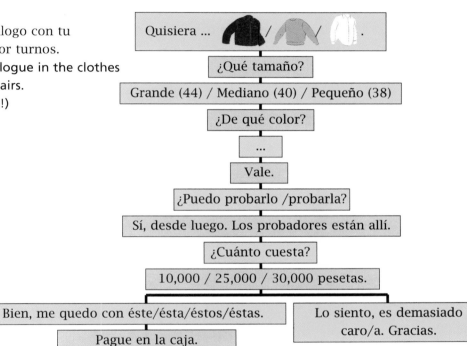

Quisiera ... / / .

¿Qué tamaño?

Grande (44) / Mediano (40) / Pequeño (38)

¿De qué color?

...

Vale.

¿Puedo probarlo /probarla?

Sí, desde luego. Los probadores están allí.

¿Cuánto cuesta?

10,000 / 25,000 / 30,000 pesetas.

Bien, me quedo con éste/ésta/éstos/éstas.   Lo siento, es demasiado caro/a. Gracias.

Pague en la caja.

Palabras clave

A	Busco	una	blusa	de	algodón.	B	¿Qué tamaño?
	Quisiera	una	falda		vaquero.	A	Grande (44) / Mediano (40) / Pequeño (38)
		una	chaqueta		cuero.		
		un	pantalón			B	Bien / Vale.
		un	suéter			A	¿Puedo probarlo / probarla, por favor?
		una	camisa				
		un	vestido			B	Sí, desde luego. Los probadores están allí.
		un	par	de	zapatos.	A	Me es / son demasiado grande/grandes / pequeño/a/os/as. ¿Tiene uno/una más pequeño/a / más grande/ más barato/a?
					calcetines.		
					zapatos deportivos.		
Quisiera / busco un pantalón de cuadros / un vestido rayado.							

85

De la cabeza a los pies

1 ¡Primero!

¿Cómo se llaman las partes de la cabeza? Busca las palabras correspondientes en las palabras clave. (Which part of the head is it? Find the right words in the *Palabras clave*.)

Ejemplo: a – la cabeza

 ## 2 ¡Escribe!

¿Para qué parte de la cabeza se usan estas cosas? (For which part of the head would you use the following things?)

Ejemplo: a – el pelo

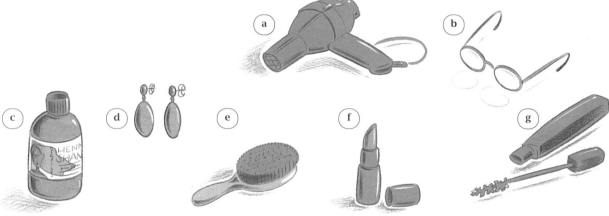

3 ¡Primero!

¿Cómo se llaman las partes del cuerpo? Busca las palabras correspondientes en las palabras clave. (What part of the body is it? Find the right words in the *Palabras clave*.)

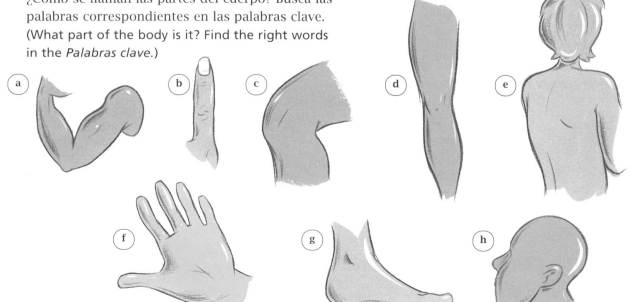

4 ¡Escribe!

¿En qué parte del cuerpo se ponen estas cosas?
(On which part of the body would you put the following?)

Ejemplo: a – en las manos

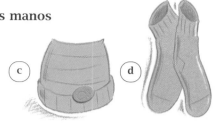
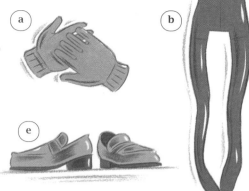

5 ¡Escucha!

Escribe 1 a 8. ¿Dónde duele?
(Write down 1 to 8.
Where does it hurt?)

Ejemplo: 1 – g

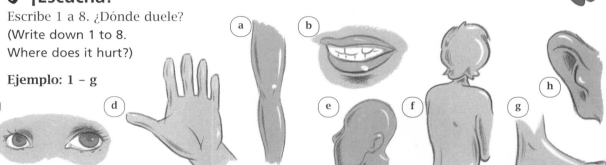

6 ¡Habla!

Mira los dibujos. Con tu compañero/a, repasa el vocabulario por turnos.
(Look at the pictures. In pairs: test yourselves!)

Ejemplo: Me duele la rodilla.
**   Me duelen las muelas.**

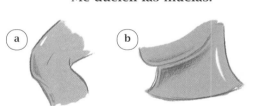

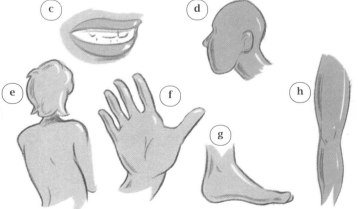

Palabras clave

Tengo dolor de	garganta. cabeza. muelas. mano. rodilla.	Me duelen	los pies. las muelas. los oídos. los dedos. las piernas. los ojos.
		Me duele	el brazo. el dedo. el pie. la garganta. la cabeza. la boca. la espalda. la mano. la nariz. el ojo. la pierna. la rodilla. el oído/ (la oreja).

Me duele

1 ¡Primero!

Mira los dibujos de la actividad 2. Busca las frases correspondientes en las palabras clave.
(Look at the pictures in activity 2. Find the right phrases in the *Palabras clave*.)

2 ¡Escucha!

a) Escribe 1 a 8. ¿Dónde duele?
(Write down 1 to 8. Where does it hurt?)

Ejemplo: 1 – d

b) Escucha otra vez. ¿Qué dice el médico? Tiene que comprar ...
(Listen again. What does the doctor say? You must buy ...)

Ejemplo: 1 – b

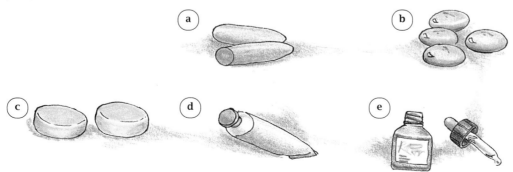

 **3 ¡Habla!**

Practica este diálogo con tu compañero/a, por turnos.
(Practise this dialogue in pairs. Then swap parts!)

> Buenos días. La clínica Sánchez.

> Buenos días. Quisiera hacer una cita.

> ¿Cómo se llama Vd.?

> ...

> ¿Cuándo puede venir? Tenemos hora libre mañana por la mañana o mañana por la tarde.

> Mañana por la mañana.

> Bueno. Mañana a las diez.

> Gracias. Adiós.

 4 ¡Habla!

Practica estos diálogos en la farmacia con tu compañero/a, por turnos.
(Practise these dialogues at the chemist's in pairs. Then swap parts!)

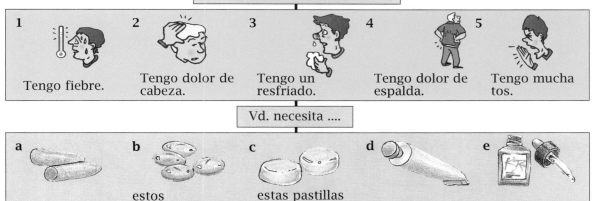

> Buenos días. ¿Puedo ayudarle?

1 Tengo fiebre.
2 Tengo dolor de cabeza.
3 Tengo un resfriado.
4 Tengo dolor de espalda.
5 Tengo mucha tos.

> Vd. necesita ....

a estas cápsulas.
b estos comprimidos.
c estas pastillas para la tos.
d esta pomada.
e estas gotas.

Palabras clave

A	¿Puedo hacer una cita?/ Quisiera hacer una cita.
B	**¿Cuándo puede venir?** Tenemos hora libre mañana por la mañana o mañana por la tarde.
A	Mañana por la mañana, por favor.
	Tengo fiebre / mucha tos / un resfriado / una insolación. Tengo dolor de garganta / cabeza / espalda / muelas / estómago / mano / dedo / pierna. Me he cortado el dedo. Me duele la garganta / la cabeza / la espalda / la muela / el estómago / la mano / el dedo / la pierna.

A	¿Tiene un remedio para ...?
B	Tiene que comprar ... Vd. necesita ...
	estas cápsulas. estas pastillas para la tos. estos comprimidos. estas gotas. esta pomada.

Mis características

1 ¡Primero!

Mira los dibujos de las actividades 2 y 3. Busca las palabras correspondientes en las palabras clave.

(Look at the pictures in activities 2 and 3. Find the right words in the *Palabras clave*.)

 ## 2 ¡Escucha!

Escribe 1 a 8. ¿Qué clase de gente son?

(Write down 1 to 8. What sort of people are they?)

Ejemplo: 1 – g

 ## 3 ¡Escucha!

Escribe 1 a 5. ¿Qué clase de gente son?

(Write down 1 to 5. What sort of people are they?)

Ejemplo: 1 – d

 ## 4 ¡Habla!

Practica estos diálogos con tu compañero/a, por turnos.

(Practise these dialogues in pairs. Then swap parts!)

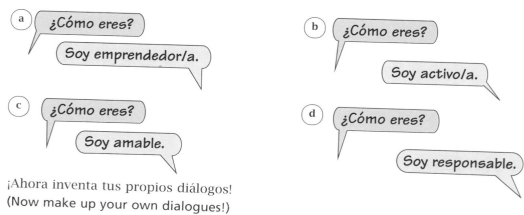

a ¿Cómo eres?
Soy emprendedor/a.

b ¿Cómo eres?
Soy activo/a.

c ¿Cómo eres?
Soy amable.

d ¿Cómo eres?
Soy responsable.

¡Ahora inventa tus propios diálogos!
(Now make up your own dialogues!)

5 ¡Lee!

Empareja los amigos por correspondencia.
(Can you match up the penfriends?)

(2)
Nombre:
Trini Blasco

Características:
habladora, amistosa,
segura de sí misma

(1)
Nombre:
José Selvas

Características:
tímido, creativo,
práctico

(3)
Nombre:
Lola Gutiérrez

Características:
seria, práctica,
emprendedora

(a)
Nombre:
Eugenia Lobos

Características:
deportista, habladora,
segura de sí misma

(c)
Nombre:
Nina Pedrosa

Características:
muy emprendedora,
seria, muy segura de sí misma

(b)
Nombre:
Raúl Llobret

Características:
inteligente, creativo,
tímido

6 ¡Escribe!

Busca seis fotos de estrellas. Escribe una frase
sobre cada persona.
(Find six photos of stars.
Write a sentence about each of them.)

Ejemplo: *Estoy segura de mí misma.*

NOW LOOK AT
Extra 11!

Palabras clave

A	¿Cómo eres?	
B	Soy	tímido/a.
		creativo/a.
		hablador/a.
		deportista.
		activo/a.
		amable.
		amistoso/a.
		serio/a.
		emprendedor/a.
		cuidadoso/a.
		práctico/a.
		inteligente.
		responsable.
	Estoy	seguro/a de mí mismo/a.

Mis amigos

1 ¡Primero!

Mira estos dibujos. Busca las palabras correspondientes en las palabras clave.
(Look at these pictures. Find the right words in the *Palabras clave*.)

2 ¡Escucha!

Escribe 1 a 6. ¿Cómo son sus amigos?
(Write down 1 to 6. What are their friends like?)

Ejemplo: 1 – e

3 ¡Escucha!

Escribe 1 a 6. ¿Cómo son sus amigas?
(Write down 1 to 6. What are their friends like?)

Ejemplo: 1 – f

4 ¡Habla!

Mira los dibujos de las actividades 2 y 3. Repasa el vocabulario con tu compañero/a.
(Look at the pictures in activities 2 and 3. In pairs: test yourselves!)

5 ¡Escucha!

Escribe 1 a 5. ¿Se llevan bien?
(Write down 1 to 5. Do they get on well together?)

Ejemplo: 1 – x

(5) *Pablo*
genial

(1) *Tina*

agarrada

(2) *Elena*

graciosa

(3) *Juan*
inteligente

(4) *Jacinta*

interesante

 6 ¡Habla!

Practica estos diálogos con tu compañero/a, por turnos.
(Practise these dialogues in pairs. Then swap parts!)

a ¿Tienes muchos amigos? — Tengo un amigo, Victor. Es un poco loco y muy gracioso.

b ¿Tienes muchos amigos? — Tengo una amiga, María. Es muy interesante y amable. Me llevo bien con ella.

c ¿Tienes muchos amigos? — Tengo un amigo, Enrique. Es y Me llevo (✓) con él.

¡Ahora inventa tus propios diálogos!
(Now make up your own dialogues.)

Palabras clave

A	¿Tienes muchos amigos?	
B	Sí, tengo	un amigo.
		una amiga.
	Él/Ella es	gracioso/a.
		inteligente.
		amable.
		genial.
		interesante.
		agarrado/a.
		un poco loco/a.
	Me llevo bien con él/ella.	

7 ¡Escribe!

Mira las fotos de la actividad 5 otra vez. Describe las personas.
(Look at the photos in activity 5 again. Describe the people.)

49

Mi trabajo

1 ¡Primero!

Mira los dibujos de la actividad 2. Busca las palabras correspondientes en las palabras clave.
(Look at the pictures. Find the right words in the *Palabras clave*.)

 ## 2 ¡Escucha!

a) Escribe 1 a 8. ¿Qué tipo de trabajo tienen?
(Write down 1 to 8. What sort of job do they have?)

Ejemplo: 1 – h

b) Escucha otra vez.
¿Qué tal su trabajo?
(Listen again.
How do they find their job?)

a (Me gusta.)

b (Me gusta hacerlo.)

c (Me pagan bien.)

d (Tengo contacto con la gente.)

e (Es regular.)

f (Es aburrido.)

 ## 3 ¡Habla!

Practica estos diálogos con tu compañero/a, por turnos.
(Practise these dialogues in pairs. Then swap parts!)

a (¿Tienes un trabajo?) (Sí, trabajo de canguro. Cuido niños.)

b (¿Tienes un trabajo?) (Sí, trabajo en un restaurante.)

c (¿Tienes ...?) (Sí, reparto periódicos.)

d (¿   ?) (Sí, trabajo en ...)

e (¿   ?) (Sí, ...)

¡Ahora inventa tus propios diálogos!
(Now make up your own dialogues!)

4 ¡Escribe!

¡Escribe las frases en el orden correcto!
(Write out the sentences in the right order.)

1 tienda en una trabajo
2 un trabajo restaurante en
3 en supermercado un trabajo
4 una trabajo en oficina
5 periódicos reparto
6 niños cuido

 5 ¡Lee!

a) ¡Empareja los textos con los dibujos!
(Match the texts to the pictures!)

Ejemplo: 1 – e

1 Reparto periódicos. Hay que levantarse temprano, pero es divertido.

2 Cuido niños. Me llevo bien con los niños.

3 Me pagan bien. Trabajo en una tienda.

4 Trabajo en un bar. El ambiente es estupendo.

5 Mi trabajo es aburridísimo. Trabajo en un supermercado.

6 Reparto leche. No tengo ningún contacto con la gente, pero ¡me pagan bien!

a  b  c d  e f

b) Lee las opiniones otra vez. ¿Por qué hacen estos trabajos?
(Read the opinions again. Why do they do these jobs?)

Ejemplo: 1 – d

a I earn good money.
b I like the atmosphere.
c I get on well with children.
d It's fun.
e It's boring.

Palabras clave

A	¿Tienes un trabajo?		
B	Sí,	cuido	niños.
		trabajo	de canguro. en una oficina. en un bar. en una tienda. en un restaurante. en un supermercado.
		reparto	leche. periódicos.

Me gusta.
Me gusta hacerlo.
Me pagan bien.
Tengo contacto con la gente.
Es regular. / Es aburrido. / Es divertido. /
El ambiente es estupendo.

50

Después del instituto

1 ¡Primero!

Mira las palabras. Busca las palabras correspondientes en las palabras clave.
(Look at these phrases. Find the right words in the *Palabras clave*.)

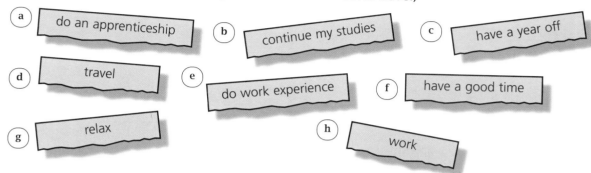

a) do an apprenticeship

b) continue my studies

c) have a year off

d) travel

e) do work experience

f) have a good time

g) relax

h) work

 ## 2 ¡Escucha!

Escribe 1 a 8 y mira las palabras de la actividad 1.
¿Qué quieren hacer después del instituto?
(Write down 1 to 8 and look at the phrases in activity 1.
What are they going to do after their exams?)

Ejemplo: 1 – h

 ## 3 ¡Habla!

Practica estos diálogos con tu compañero/a, por turnos.
(Practise these dialogues in pairs. Then swap parts!)

¿Qué quieres hacer después del instituto?

a) Quiero continuar mis estudios.

b) Quiero hacer un aprendizaje.

c) Quiero descansar.

¡Ahora inventa tus propios diálogos!
(Now make up your own dialogues!)

4 ¡Lee!

¡Copia la tabla y rellénala!
(Copy out the table and fill it in!)

> Quiero descansar,
> luego trabajar un poco.
> Después quiero viajar.

Ejemplo:

	work	work experience	have fun	rest	travel
Beatriz	✓				
Daniel					
Ana					
Raúl					
Jaime					

Beatriz

> Después del instituto quisiera
> trabajar. El instituto me pone
> los nervios de punta.

> Quiero hacer un
> período de prácticas.

Jaime

Daniel

> Voy a descansar
> por mucho
> tiempo.

> Sobre todo
> quiero
> divertirme.

Raúl

Ana

5 ¡Escribe!

¿Qué quieres hacer después
del instituto?
(What are you going to do
after your exams?)

Palabras clave

A	¿Qué quieres hacer después del instituto?	
B	Quiero	trabajar.
		viajar.
		continuar mis estudios.
		descansar.
		divertirme.
		hacer un período de prácticas.
		hacer un aprendizaje.
		tomar un año libre.

51

La carrera que deseo

1 ¡Primero!

Mira los dibujos de las actividades 2 y 3. Busca las palabras correspondientes en las palabras clave.

(Look at the pictures in activities 2 and 3. Find the right words in the *Palabras clave*.)

2 ¡Escucha!

Escribe 1 a 8. ¿Qué quieren ser en el futuro?

(Write down 1 to 8. What do they want to be later?)

Ejemplo: 1 – f

3 ¡Escucha!

Escribe 1 a 8. ¿Qué quieren ser en el futuro?

(Write down 1 to 8. What do they want to be later?)

Ejemplo: 1 – b

4 ¡Lee!

¡Empareja los textos con los dibujos!
(Match up the texts and the pictures.)

1 en una oficina
2 en un hotel
3 al aire libre
4 en una tienda
5 en un club deportivo

5 ¡Escucha!

Escribe 1 a 5 y mira los dibujos de la actividad 4. ¿Dónde quieren trabajar?
(Write down 1 to 5 and look at the pictures in activity 4. Where do they want to work?)

Ejemplo: 1 – b

 ## 6 ¡Habla!

Practica estos diálogos con tu compañero/a, por turnos.
(Practise these dialogues in pairs. Then swap parts!)

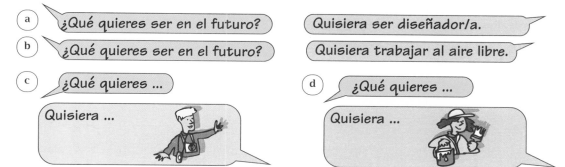

a ¿Qué quieres ser en el futuro? Quisiera ser diseñador/a.

b ¿Qué quieres ser en el futuro? Quisiera trabajar al aire libre.

c ¿Qué quieres ... Quisiera ...

d ¿Qué quieres ... Quisiera ...

¡Ahora inventa tus propios diálogos!
(Now make up your own dialogues!)

Palabras clave

A	¿Qué quieres ser en el futuro?	
B	Quisiera ser	esteticista.
		empapelador/a.
		fotógrafo/a.
		peluquero/a.
		mecánico/a.
		empleado/a de banco.
		empleado/a de oficina.
		cantante.
		cocinero/a.
		actor / actriz.
		programador/a.
		enfermero/a.
		profesor/a.
		diseñador/a.
		dependiente/dependienta.
	Quisiera trabajar	en una oficina.
		en un hotel.
		al aire libre.
		en una tienda.
		en un club deportivo.

Prácticas de trabajo

1 ¡Primero!

Mira estos dibujos. Busca las
palabras correspondientes en
las palabras clave.
(Look at these pictures.
Find the right words in
the *Palabras clave*.)

 ## 2 ¡Escucha!

Escribe 1 a 10. ¿Qué hacen cada día?
(Write down 1 a to 10. What do they do each day?)

Ejemplo: 1 – e

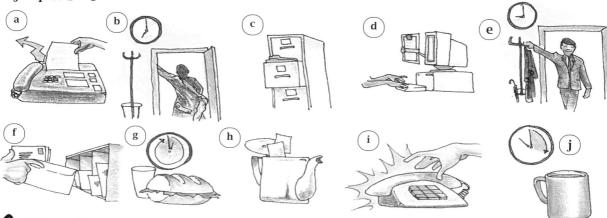

 ## 3 ¡Escucha!

¡Copia este formulario y rellénalo!
(Copy out this form. Fill it in.)

Ejemplo:

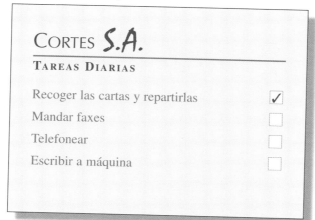

CORTES **S.A.**

TAREAS DIARIAS

Recoger las cartas y repartirlas	✓
Mandar faxes	☐
Telefonear	☐
Escribir a máquina	☐

 ## 4 ¡Habla!

Mira los dibujos de la actividad 2. Repasa el vocabulario con tu compañero/a.
(Look at the pictures in activity 2. In pairs: test yourselves!)

5 ¡Habla!

Practica estos diálogos con tu compañero/a, por turnos.
(Practise these dialogues in pairs. Then swap parts!)

a ¿Qué haces en la oficina?

Tengo que llegar a las ocho. Tengo que preparar el café, mandar faxes, escribir a máquina etc. Termino a las cinco.

b ¿Qué haces en la oficina?

Tengo que ...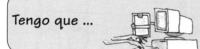

c ¿Qué haces en la oficina?

Tengo que ...

¡Ahora inventa tus propios diálogos!
(Now make up your own dialogues!)

 6 ¡Lee!

Lee esta nota y pon los dibujos en el orden correcto.
(Read this note and put the pictures in the right order.)

Ejemplo: d, ...

   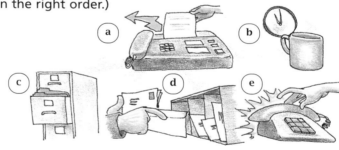

Mis prácticas de trabajo

Primero tengo que recoger las cartas y repartirlas, luego tengo que telefonear. Tengo que mandar faxes y a veces arreglar la documentación en el archivo. A las once hay una pausa para tomar el café.

Palabras clave

A	¿Qué haces en la oficina?	
B	Tengo que llegar	a las ...
	Termino	a las ...
	Tengo que	preparar el café.
		mandar faxes.
		escribir a máquina.
		telefonear.
		recoger las cartas y repartirlas.
		arreglar la documentación en el archivo.
	Tenemos una pausa para	tomar el café.
		almorzar.

53 Al teléfono

1 ¡Primero!
Busca las palabras correspondientes en las palabras clave.
(Find the right words in the *Palabras clave*.)

LOTO

15 21 13
40 18 80
11 14 60
09 22 90

 ## 2 ¡Escucha!
Escribe 1 a 10. ¿Qué números faltan?
(Write down 1 to 10. Which numbers are missing?)

Ejemplo: (a) – 21 34 **55** 40

- (a) 21 34 5_ 40
- (b) 18 59 62 1_
- (c) **93 __ 19 38**
- (d) **59 78 __ 12**
- (e) **75 17 90 __**
- (f) **28 99 02 __**
- (g) 19 38 5_ 11
- (h) 27 00 0_ 56
- (i) 55 _3 10 10
- (j) __ 68 70 80

Palabras clave

cero		
uno	once	veintiuno
dos	doce	veintidós
tres	trece	treinta
cuatro	catorce	cuarenta
cinco	quince	cincuenta
seis	dieciséis	sesenta
siete	diecisiete	setenta
ocho	dieciocho	ochenta
nueve	diecinueve	noventa
diez	veinte	

3 ¡Escucha!

Lee estos diálogos.
(Read these dialogues.)

(a) Buenos días. Europrensa. ¡Dígame!

Quisiera hablar con el Señor Duarte, por favor.

¿De parte de quién?

La Señora López.

Ya le pongo.

(b) Buenos días. Hotel Buena Ventura. ¡Dígame!

Quisiera hablar con la Señora Oñate.

Lo siento mucho. No está en este momento. ¿Quiere dejar un recado?

(c) Buenos días. Casa de los Muebles. ¡Dígame!

Quisiera hablar con el Señor Fernando.

Lo siento mucho. No está en este momento. ¿Puede llamar más tarde?

4 ¡Habla!

Practica estos diálogos con tu compañero/a, por turnos.
(Practise these dialogues in pairs. Then swap parts!)

Palabras clave

A		B	
Buenos días. ¡Dígame! Ya le pongo. ¿De parte de quién?		Quisiera hablar con el/la Señor/a …	
		El/la Señor/a …	
Lo siento mucho.	Él/Ella no está en este momento. Su teléfono está comunicando en este momento.		
¿Quiere dejar un recado? ¿Quiere esperar? ¿Quiere llamar más tarde?			
Adiós.			

1 ¡Escucha!
Lee esta descripción.
(Read this description.)

(1) *el disco duro* (2) *el ordenador* (3) *la pantalla* (4) *la impresora*

(5) *el monitor* (6) *el teclado* (7) *el ratón*

 2 ¡Lee!
¡Aprende estas palabras con tu compañero/a!
(Learn these words with a partner.)

 3 ¡Escribe!
¿Puedes descifrar estas palabras?
(Can you unjumble these words?)

Ejemplo: a – ratón

a tranó
b pomiesrar
c lapatanl
d latecod
e triomno
f roud cosid
g noordedar

 4 ¡Escribe!
¡Diseña un póster de un ordenador para el aula!
(Design a computer poster for the classroom!)

5 ¡Lee!

¡Empareja las palabras españolas con las palabras inglesas! ¿Hay una palabra que no sabes? ¡Búscala en el diccionario!

(Match the English and the Spanish words. If you don't know a word, look it up in the dictionary.)

1 Enciende/Apaga el ordenador.	a to open
2 Salva el fichero a tu nombre.	b Save the file under your name.
3 Teclea …	c Turn the computer on/off.
4 imprimir	d text window
5 desplegar	e Type … in.
6 borrar	f word processing
7 instalar	g to print
8 abrir	h to display
9 salvar	i to load
10 el fichero	j to delete
11 la ventana de texto	k to save
12 el programa	l file
13 el proceso de textos	m program

55 Dinero

1 ¡Primero!

Mira los dibujos de las actividades 2 y 3. Busca las palabras correspondientes en las palabras clave.

(Look at the pictures in activities 2 and 3. Find the right words in the *Palabras clave*.)

 ## 2 ¡Escucha!

Escribe 1 a 8. ¿Qué compran?

(Write down 1 to 8. What do they buy?)

Ejemplo: 1 – a

 ## 3 ¡Escucha!

Escribe 1 a 8. ¿Para qué ahorran?

(Write down 1 to 8. What are they saving for?)

Ejemplo: 1 – c

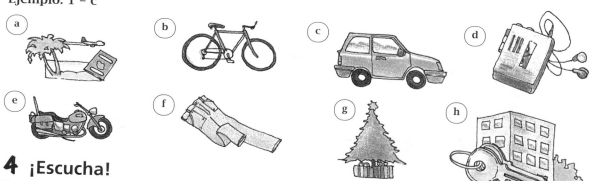

 ## 4 ¡Escucha!

Escribe 1 a 3. ¿Es importante el dinero para ellos?

(Write down 1 to 3. Is money important for them?)

 ## 5 ¡Habla!

Mira los dibujos de las actividades 2 a 4. Repasa el vocabulario con tu compañero/a.

(Look at the pictures in activities 2 to 4. In pairs: test yourselves!)

6 ¡Habla!

Practica estos diálogos con tu compañero/a, por turnos.
(Practise these dialogues in pairs. Then swap parts!)

a ¿Qué compras con tu dinero?

Compro CDs y ropa.

b ¿Qué compras con tu dinero?

Compro juegos para el ordenador y ahorro para una bicicleta.

c ¿Qué compras con tu dinero?

Ahorro para mis vacaciones.

d ¿Es importante el dinero para ti?

No es importante para mí.

¡Ahora inventa tus propios diálogos!
(Now make up your own dialogues!)

 7 ¡Escribe!

Escribe un artículo sobre el dinero para una revista.
(Write an article about money for a magazine.)

**Ejemplo: El dinero es muy importante.
          Compro ....**

● **¿Qué compras con tu dinero?**

Compro ropa, voy al cine ...
Ahorro para ...

● **¿Es importante el dinero para ti?**

El dinero es bastante importante para mí.

Palabras clave

A	¿Qué compras con tu dinero?	
B	Compro	ropa.
		CDs.
		juegos de ordenador.
		revistas.
		zapatos deportivos.
		libros.
	Voy	al cine.
		a la disco(teca).
	Ahorro para	un walkman.
		una bicicleta.
		un coche.
		una moto.
		unos vaqueros.
		un apartamento.
		mis vacaciones.
		las Navidades.

A	¿Es importante el dinero para ti?	
B	Es	muy	importante.
		bastante	
	No es		

¿Eres dependiente?

 1 ¡Escucha!

Escribe 1 a 6. ¿Qué opinan sobre el fumar, etc.?
(Write down 1 to 6. What do they think about smoking, etc.?)

Ejemplo: 1 – e

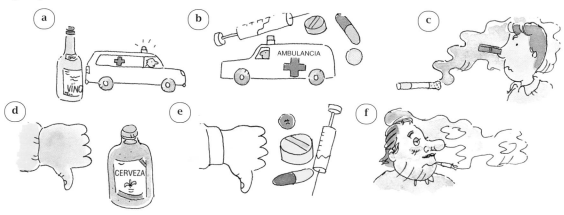

 2 ¡Escucha!

Escribe 1 a 6. ¿Verdadero (V) o falso (F) ?
(Write down 1 to 6. True or false?)

Ejemplo: 1 – V

 3 ¡Habla!

Mira los dibujos de las actividades 1 y 2. Repasa el vocabulario con tu compañero/a.
(Look at the pictures in activities 1 and 2. In pairs: test yourselves!)

4 ¡Habla!

Practica estos diálogos con tu compañero/a, por turnos.
(Practise these dialogues in pairs. Then swap parts!)

(a) ¿Qué opinas? ¿Debe uno beber alcohol?

El alcohol es estúpido.

¿Bebes alcohol?

No bebo alcohol.

(b) ¿Qué opinas? ¿Debe uno fumar?

Fumar es fabuloso.

¿Fumas?

Sí.

(c) ¿Fumas?

No, daña la salud y es totalmente asqueroso. Huele a rayo.

¡Ahora inventa tus propios diálogos!
(Now make up your own dialogues!)

5 ¡Escribe!

¡Diseña un póster sobre los peligros de fumar o de beber alcohol!
(Draw a poster about the dangers of smoking or drinking.)

Ejemplo:

¡NO FUMES!

6 ¡Escribe!

¡Haz una encuesta en la clase!
El alcohol/el fumar, ¿qué opinas?
Escribe tus respuestas en un gráfico.
(Do a class survey. What do you think about drinking/smoking? Present your results on a graph.)

Palabras clave

A	¿Qué opinas? ¿Debe uno		beber alcohol? fumar? drogarse?
B	El fumar	es	peligroso / asqueroso / fabuloso.
	El alcohol El fumar	daña	la salud.
	Las drogas	dañan	
	Las drogas	son	estúpidas / fabulosas/ asquerosas.
A	¿Bebes alcohol? ¿Fumas?		
B	(No) bebo alcohol. (No) fumo.		

El medio ambiente

1 ¡Primero!

Mira los dibujos de la actividad 2. Busca las palabras correspondientes en las palabras clave.
(Look at the pictures in activity 2. Find the right words in the *Palabras clave*.)

2 ¡Escucha!

Escribe 1 a 10. ¿Qué se puede hacer para proteger el medio ambiente?
(Write down 1 to 10. What can you do to protect the environment?)

Ejemplo: 1 – e

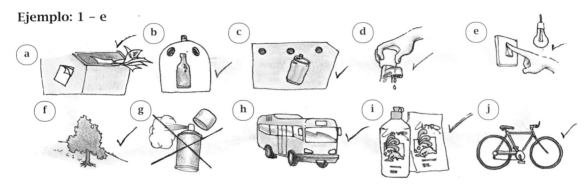

3 ¡Habla!

Mira los dibujos de la actividad 2. Repasa el vocabulario con tu compañero/a, por turnos.
(Look at the pictures in activity 2. In pairs: test yourselves!)

4 ¡Habla!

Practica estos diálogos con tu compañero/a, por turnos.
(Practise these dialogues in pairs. Then swap parts!)

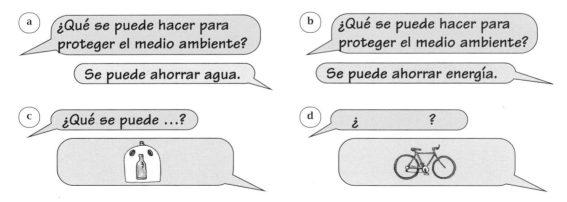

a) ¿Qué se puede hacer para proteger el medio ambiente?
Se puede ahorrar agua.

b) ¿Qué se puede hacer para proteger el medio ambiente?
Se puede ahorrar energía.

c) ¿Qué se puede ...?

d) ¿ ?

¡Ahora inventa tus propios diálogos!
(Now make up your own dialogues!)

5 ¡Escribe!

¡Inventa etiquetas verdes para estos productos!
(Make up some environmentally friendly labels for these products!)

a   b   c   d

 6 ¡Escribe!

¡Dibuja un póster para el aula!
(Draw a poster for the classroom!)

Ejemplo:

Palabras clave

A	¿Qué se puede hacer para proteger el medio ambiente?	
B	Se puede	ahorrar agua/energía.
		reciclar el papel.
		reciclar las latas.
		reciclar el vidrio.
		viajar en transporte público.
		comprar una bicicleta.
		proteger la naturaleza.
		comprar los productos verdes.
		evitar los sprays.

58 Las reglas

1 ¡Escucha!

Escribe 1 a 6. ¿Qué reglas discuten?
(Write down 1 to 6. Which rules are they talking about?)

Ejemplo: 1 – a

2 ¡Escucha!

Escribe 1 a 4. ¿Son importantes las reglas?
(Write down 1 to 4. Are rules important?)

Ejemplo: 1 – b

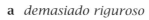

a *demasiado riguroso*

b *necesario*

c *importante*

d *estúpido*

3 ¡Escucha!

Escribe 1 a 6. ¿Verdadero (V) o falso (F)?
(Write down 1 to 6. True or false?)

Ejemplo: 1 – V

(1) *Carmen*

(2) *Eduardo*

(3) *Bernardo*

Las reglas son demasiado rigurosas.

Las reglas son necesarias.

Las reglas son importantes.

(4) *Ana*

(5) *Laura*

(6) *Luis*

Las reglas son estúpidas.

Las reglas no son necesarias.

Las reglas no son demasiado rigurosas.

4 ¡Habla!

Mira los dibujos de la actividad 1. Repasa el vocabulario con tu compañero/a, por turnos.
(Look at the pictures in activity 1. In pairs: test yourselves!)

 5 ¡Habla!

Practica estos diálogos con tu compañero/a, por turnos.
(Practise these dialogues in pairs. Then swap parts!)

a ¿Cómo son las reglas en tu instituto?

Hay que llevar uniforme. Me parece estúpido.

b ¿Cómo son las reglas en tu instituto?

No se puede fumar en el instituto. Esto me parece demasiado riguroso.

¡Ahora inventa tus propios diálogos!
(Now make up your own dialogues!)

 6 ¡Lee!

¡Escribe estas opiniones en inglés!
(Translate these opinions into English!)

1 Las reglas son necesarias.
2 Las reglas no son estúpidas.
3 Las reglas son demasiado rigurosas.

 6 ¡Escribe!

¡Escribe tu opinión!
(Now write down your point of view!)

Ejemplo: Hay que traer un lápiz. Esto me parece estúpido.

Palabras clave

A	¿Cómo son las reglas en tu instituto?			
B	Hay que	llevar uniforme. traer un lápiz. llegar a tiempo. respetar al profesor/ a la profesora.		
	No se puede	fumar comer	en el instituto. en el aula.	
	Esto me	parece	importante.	
	Las reglas	son / no son		necesarias. estúpidas.
			demasiado	rigurosas.

El uniforme

1 ¡Primero!

¡Mira los dibujos de la actividad 2. Busca las palabras correspondientes en las palabras clave.
(Look at the pictures in activity 2. Find the right words in the *Palabras clave*.)

2 ¡Escucha!

Escribe 1 a 6. ¿Qué piensan del uniforme?
(Write down 1 to 6. What do they think about uniform?)

Ejemplo: 1 – d

3 ¡Habla!

Mira los dibujos de la actividad 2. Repasa el vocabulario con tu compañero/a.
(Look at the pictures in activity 2. In pairs: test yourselves!)

4 ¡Habla!

Practica estos diálogos con tu compañero/a, por turnos.
(Practise these dialogues in pairs. Then swap parts!)

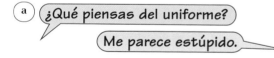

a ¿Qué piensas del uniforme?
Me parece estúpido.

b ¿Qué piensas del uniforme?
No me gusta.

¡Ahora inventa tus propios diálogos!
(Now make up your own dialogues!)

5 ¡Habla!

¡Haz una encuesta en la clase! ¿Qué opinan tus compañeros/as sobre el uniforme?
Escribe tus resultados en un gráfico.
(Do a class survey. What do your fellow students think about school uniform?
Write up your results as a graph.)

Palabras clave

A	¿Qué piensas del uniforme?
B	Me parece estúpido.
	No me gusta.
	Me parece bien.
	Es estupendo.
	Es práctico.
	Es terrible.

Los animales

1 ¡Escucha!

Escribe 1 a 3. ¿Les gustan los animales o no?
(Write down 1 to 3. Do they like animals or not?)

Ejemplo: 1 – b

2 ¡Escucha!

Escribe 1 a 3. ¿Qué opinan sobre los experimentos
con animales?
(Write down 1 to 3. What do they think of
animal experiments?)

3 ¡Habla!

Practica estos diálogos con tu compañero/a, por turnos.
(Practise these dialogues in pairs. Then swap parts!)

a ¿Te gustan los animales?
Me dan igual.
¿Qué opinas sobre los experimentos con animales?
También me dan igual.

b ¿Te gustan los animales?
Me gustan los animales. Soy vegetariano/a.
¿Qué opinas sobre los experimentos con animales?
Son horrorosos.

4 ¡Escribe!

¡Diseña un póster a favor o en contra de los experimentos con animales!
(Design a poster for or against animal experiments.)

Palabras clave

A	¿Te gustan los animales?
B	Me gustan los animales. Me dan igual los animales. Soy vegetariano/a.
A	¿Qué opinas sobre los experimentos con animales?
B	Los experimentos son horrorosos. Los experimentos son necesarios. Me es igual.

¿Comes de una manera sana?

1 ¡Primero!

Mira los dibujos de las actividades 2 y 3. Busca las palabras correspondientes en las palabras clave.

(Look at the pictures in activities 2 and 3. Find the right words in the *Palabras clave*.)

2 ¡Escucha!

Escribe 1 a 10. ¿Qué se debe comer y beber para mantener la salud?

(Write 1 to 10. What should you eat and drink to be healthy?)

Ejemplo: 1 – c

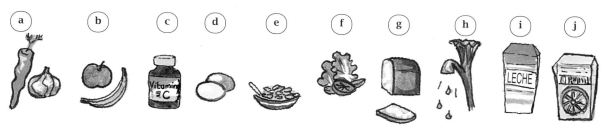

3 ¡Escucha!

Escribe 1 a 10. ¿Qué se debe evitar para mantener la salud?

(Write down 1 to 10. What should you avoid if you want to stay healthy?

Ejemplo: 1 – d

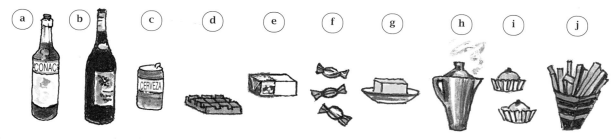

4 ¡Escucha!

Escribe 1 a 4. ¿Es sano o no?

(Write down 1 to 4. Is it heathy or unhealthy?

Ejemplo: 1 – ✓

1. Me gusta comer verduras. Son muy sanas.

2. Se debe tomar las vitaminas cada día. Así se mantiene la salud.

3. Me gustan las patatas fritas y la grasa, pero no son buenas para la salud.

4. No me gusta comer pasteles. No es bueno y además engorda.

5 ¡Escribe!

Copia la tabla y escribe las palabras en la columna correspondiente.
(Copy out the table and put the words in the right column.)

Ejemplo:

sano	no sano
yogur	

helado tarta de manzana fruta ensalada patatas fritas vino mantequilla

patatas fritas yogur crema de chocolate pescado leche nata golosinas

Palabras clave

A	¿Qué se debe comer?		
B	Se debe comer	pan.	Es sano.
		huevos.	Son muy sanos.
		cereales.	
		fruta.	Es muy sana.
		ensalada.	
		verduras.	Son muy sanas.
	Se debe tomar	vitaminas.	
	No se debe comer mucho	chocolate.	No es muy sano.
	No se debe comer mucha	mantequilla.	No es muy sana.
		grasa.	
	No se debe comer muchos	pasteles.	No son buenos para la salud.
	No se debe comer muchas	golosinas.	No son buenas para la salud.
		patatas fritas.	
A	¿Qué se debe beber?		
B	Se debe beber	agua.	Es sano/a.
		leche.	
		zumo de naranja.	
	No se debe beber mucho	café.	No es sano.
		vino.	
		alcohol.	
	No se debe beber mucha	cerveza.	No es sana.

El tiempo

1 ¡Primero!

Mira los dibujos. Busca las palabras correspondientes en las palabras clave.
(Look at the pictures. Find the right word in the *Palabras clave*.)

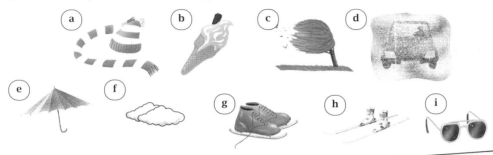

 ## 2 ¡Escucha!

Escribe 1 a 9.
¿Qué tiempo hace?
(Write down 1 to 9.
What's the weather like?)

Ejemplo:
Barcelona despejado

3 ¡Escribe!

Escribe un pronóstico para España.
(Write a forecast for Spain.)

Ejemplo: Barcelona – nublado ...

NOW LOOK AT
Extra 12!

Palabras clave

El cielo está	despejado / nublado.
Hace	buen tiempo.
	frío.
	calor.
	viento.
	sol.
Hay niebla.	
Llueve.	
Nieva.	

La televisión y las películas

1 ¡Primero!

Mira los dibujos de la actividad 2. Busca las palabras correspondientes en las palabras clave.
(Look at the pictures in activity 2. Find the right words in the *Palabras clave*.)

2 ¡Escucha!

Escribe 1 a 10. ¿Qué les gusta ver?

(Write down 1 to 10. What do they like to watch?)

Ejemplo: 1 – e

3 ¡Habla!

Practica estos diálogos con tu compañero/a, por turnos.
(Practise these dialogues in pairs. Then swap parts!)

a ¿Qué te gusta ver?
Me gustan las películas de aventuras.

b ¿Qué no te gusta ver?
No me gusta ver las noticias.

c ¿   ?

Palabras clave

A	¿Qué te gusta ver?	
B	Me gusta ver No me gusta ver	las películas de dibujos animados. las películas de aventuras. las películas amorosas. las comedias. los programas de música. los programas de deporte. los programas sobre la naturaleza. las noticias. el pronóstico del tiempo. la publicidad.

Vocabulario

Module 1

Unit 1
¡buenos días!	hello
¡adiós!	goodbye
Señor/Señora/Señorita	Mr/Mrs/Miss
¡hola!	hello
¡buenas tardes!	good evening
¡buenas noches!	goodnight
¡que aproveche!	enjoy your meal
¡que lo pases bien!	have a good holiday
¡buen viaje!	have a good journey
¡que te recobres!	get well soon
¿cómo está(s)?	how are you?
bien, gracias, ¿y tú/Vd.?	fine, thanks and you?

Unit 2
¿cómo te llamas?	what's your name?
me llamo ...	my name is ...
¿cómo se escribe?	how is that spelt?
¿dónde vives?	where do you live?
vivo en ...	I live in ...
¿cuál es tu dirección?	what's your address?
vivo ...	I live ...
¿cuál es tu número de teléfono?	what's your telephone number?
¿dónde vives?	where do you live?
vivo en Inglaterra	I live in England
en Escocia	in Scotland
en Irlanda	in Ireland
en Australia	in Australia
en Gales	in Wales
en Francia	in France
en España	in Spain
¿de dónde eres?	what's your nationality?
soy inglés/inglesa	I'm English
español/a	Spanish
australiano/a	Australian
escocés/escocesa	Scottish
irlandés/irlandesa	Irish
galés/galesa	Welsh
francés/francesa	French

Unit 3
¿cúantos años tienes?	how old are you?
tengo ... años	I am ... years old
¿cuándo es tu cumpleaños?	when is your birthday?
mi cumpleaños es el ...	my birthday's on ...
¿qué fecha es hoy?	what's the date today?
hoy es el ...	today is the ...

Unit 4
él/ella tiene ...	he/she has ...
tengo ...	I have ...
el pelo rubio	fair hair

el pelo castaño	brown hair
el pelo largo	long hair
el pelo corto	short hair
el pelo suave	straight hair
el pelo rizado	curly hair
el pelo ondulado	wavy hair
Soy pelirrojo/a	I have red hair
tengo los ojos ...	my eyes are ...
azul/es	blue
gris/es	grey
verde/s	green
soy ...	I am ...
es ...	he/she is ...
muy	very
bastante	quite
alto/a/os/as	tall, big
bajo/a/os/as	small
delgado/a/os/as	slim
de estatura mediana	average height
llevo gafas	I wear glasses
llevo lentillas	I wear contact lenses

Unit 5
tengo ...	I have ...
tiene ...	he/she has ...
un hermano	one brother
dos hermanos	two brothers
una hermana	one sister
cuatro hermanas	four sisters
soy ...	I am ...
hijo/a único/a	an only child
mi hermano se llama	my brother is called ...
su hermano se llama	his/her brother is called ...
mi hermana tiene ... años	my sister is ... years old
su madre tiene ... años	his mother is ... years old
su hermana tiene ... años	her sister is ... years old
tengo ...	I have ...
un perro	a dog
un pájaro	a bird
un periquito	a budgie
un gato	a cat
una tortuga	a tortoise
un conejo	a rabbit
un hámster	a hamster
no tengo animales domésticos	I don't have a pet

Unit 6
soy ...	I am ...
él/ella es ...	he/she is ...
granjero/a	farmer
cocinero/a	chef

peluquero/a	hairdresser
electricista	electrician
comerciante	businessman/woman
enfermero/a	nurse
programador/a	computer programmer
obrero/a	builder
mecánico/a	mechanic
médico/a	doctor
carpintero/a	carpenter
empleado/a de fábrica	factory worker
recepcionista	receptionist
secretario/a	secretary
dependiente/a	sales assistant
trabajo ...	I work ...
él/ella trabaja	he/she works ...
en una obra	on a building site
en una granja	on a farm
en una fábrica	in a factory
en un taller	in a garage
en una clínica	in a clinic
en una tienda	in a shop
en una peluquería	in a hairdresser's
en una oficina	in an office
en un hotel	in a hotel
en un hospital	in a hospital
en un restaurante	in a restaurant

Unit 7

¿qué te gusta hacer?	what do you like doing?
me gusta ir al restaurante	I like eating out
no me gusta ir al restaurante	I don't like eating out
me gusta ir al cine	I like going to the cinema
no me gusta bailar	I don't like going dancing
no me gusta ir a la disco	I don't like going to the disco
me gusta practicar deporte	I like doing sport
no me gusta practicar deporte	I don't like doing sport
me gusta montar en bicicleta	I like cycling
me gusta jugar con el ordenador	I like playing computer games
me gusta escuchar música	I like listening to music
me gusta ver la tele	I like watching TV
me gusta leer	I like reading
no me gusta relajarme	I don't like relaxing
¿qué te parece?	what do you think of it?
me parece interesante jugar con el ordenador	I think computer games are interesting
me parece estupendo ...	I think it's great
fantástico	fantastic
bien	not bad
aburrido	boring
fatal	awful

terrible	terrible
buenísimo	really good
ver la tele	watching TV
visitar a mis amigos	visiting my friends
escuchar música	listening to music
montar en bicicleta	cycling
leer	reading
practicar deporte	doing sport
bailar	dancing

Unit 8

¿qué te gusta hacer?	what do you like doing?
¿qué no te gusta hacer?	what don't you like doing?
¿qué prefieres hacer?	what do you like doing best?
me gusta nadar	I like swimming
no me gusta bucear	I don't like diving
prefiero ir de pesca	I like fishing best
montar en bicicleta	cycling
montar a caballo	riding
andar en monopatín	skateboarding
practicar el patinaje	skating
practicar el windsurf	windsurfing
jugar al fútbol	playing football
jugar al tenis	playing tennis
jugar al tenis de mesa	playing table tennis
jugar al squash	playing squash
¿qué haces el fin de semana?	what do you do at the weekend?
voy de pesca	I go fishing
monto a caballo	I go riding
buceo	I go diving
monto en bicicleta	I go cycling
practico el patinaje	I go skating
ando en monopatín	I go skateboarding
juego al fútbol	I play football
juego al squash	I play squash
juego al tenis	I play tennis
juego al tenis de mesa	I play table tennis
practico el windsurf	I go windsurfing

Unit 9

¿dónde vives/vive Vd.?	where do you live?
vivo en ...	I live in ...
Alemania	Germany
Inglaterra	England
Bélgica	Belgium
Escocia	Scotland
España	Spain
Francia	France
Irlanda	Ireland
Italia	Italy
Suiza	Switzerland
Luxemburgo	Luxembourg
Gales	Wales
Holanda	Holland
Austria	Austria

en el norte/sur/este/ oeste de ...	in the north/south/ east/west of ...
... está en las afueras de ...	... is a suburb of ...
... es la capital de ...	... is the capital of ...

Unit 10

¿dónde vives/vive Vd.?	where do you live?
vivo ...	I live ...
en una casa	in a house
en un bloque de pisos	in a block of flats
en un apartamento	in a flat
en una autocaravana	in a caravan
en una urbanización	on a housing estate
en una granja	on a farm
en una pensión	in a guesthouse
¿dónde está exactamente?	where is it exactly?
en el centro de la ciudad	in the town centre
en las afueras	in the suburbs
en el campo	in the country
en una aldea	in a village
¿está lejos del instituto?	is it far from school?
sí, bastante lejos	yes, it's quite far
no, no lejos	no, not far
está cerca del instituto	it's near school
no, está a cinco minutos del instituto, a pie	no, it's five minutes' walk from school

Unit 11

vivo en ...	I live in ...
una casa	a house
un apartamento	a flat
en la planta baja	on the ground floor
en el primer piso	on the first floor
en el sótano	in the basement
un vestíbulo	a hall
un garaje	a garage
una cocina	a kitchen
un retrete	a toilet
una escalera	a staircase
un balcón	a balcony
un desván	an attic
una bodega	a wine cellar
un cuarto de baño	a bathroom
un comedor	a dining room
un dormitorio	a bedroom
una sala de estar	a living room
grande	large
pequeño	small

Unit 12

¿qué hay ...?	what is there ...?
¿en tu cocina?	in your kitchen?
¿en tu sala de estar?	in your living room?
¿qué tienes en tu dormitorio?	what have you got in your room?
en mi dormitorio tengo ...	in my room I have ...
un reproductor de discos compactos	a CD player
un reloj despertador	an alarm clock
un ordenador	a computer
un casete	a cassette player

un televisor	a television
un estéreo	a stereo
una cama	a bed
un estante	a shelf
muchos libros	a lot of books
muchos discos compactos	a lot of CDs
muchos casetes	a lot of cassettes
muchos pósteres	a lot of posters

Unit 13

¿qué hora es?	what time is it?
es la una	it's one o'clock
son las dos/tres	it's two/three o'clock
son las dos/tres y cuarto	it's quarter past two/three o'clock
son las dos/tres menos cuarto	it's quarter to two/three o'clock
son las cuatro/nueve y media	it's half past four/nine
son las siete y cinco/ diez/veinte	it's five/ten/twenty past seven
son las tres menos veinticinco	it's twenty-five to three
me despierto a las ...	I wake up at ...
me levanto a las ...	I get up at ...
me lavo	I get washed
me visto	I get dressed
desayuno a las ...	I have breakfast at ...
bebo café	I drink coffee
salgo de casa a las ...	I leave home at ...
llego al instituto a las ...	I arrive at school at ...
me acuesto a las ...	I go to bed at ...
hago mis deberes	I do my homework

Unit 14

¿qué comes?	what do you eat (for breakfast)?
como ...	I eat ...
un panecillo	a bread roll
pan	bread
una tostada	a piece of toast
con mantequilla	with butter
con mermelada	with jam
con miel	with honey
con Nocilla	with Nutella
yogur	yoghurt
cereales	cereal
queso	cheese
fruta	fruit
¿qué bebes?	what do you drink?
bebo ...	I drink ...
una taza de té	a cup of tea
una taza de café	a cup of coffee
una taza de chocolate caliente	a cup of hot chocolate
un vaso de leche	a glass of milk
un vaso de zumo de naranja	a glass of orange juice
un vaso de zumo de manzana	a glass of apple juice

un vaso de agua mineral	a glass of mineral water
un vaso de limonada	a glass of lemonade
¿qué prefieres comer?	what do you prefer to eat?
prefiero comer ...	I prefer to eat ...
¿qué prefieres beber?	what do you prefer to drink?
prefiero beber ...	I prefer to drink ...

Unit 15

¿dónde está ..., por favor?	where is ..., please?
la biblioteca	the library
la cantina	the canteen
el gimnasio	the sports hall
la sala de informática	the computer room
la entrada principal	the main entrance
el bedel/la bedela	the caretaker
la sala de arte	the art room
la sala de matemáticas	the maths room
la sala de música	the music room
la sala de cocina	the cookery room
el campo de deporte	the sports field
la oficina del director	the Head's office
el laboratorio de química	the chemistry lab
el laboratorio de idiomas	the language lab
la secretaría	the secretary's office
¿dónde están los servicios?	where are the toilets?
vaya ...	you go ...
a la izquierda	left
a la derecha	right
siga	you go ...
todo recto	straight on
suba la escalera	go up the stairs
y es la primera/segunda puerta a la izquierda/derecha	it's the first/second door on the left/right
está enfrente de la biblioteca/sala de música	it's opposite the library/music room
está al lado de la secretaría/sala de arte	it's next to the secretary's office/art room
está entre ... y ...	it's between ... and ...
¿cómo vas/va Vd. al instituto?	how do you go to school?
voy al instituto a pie	I go to school on foot
voy en bicicleta	I go by bike
en moto	by moped
en autobús	by bus
en coche	by car

Unit 16

¿cuál es tu asignatura preferida?	what is your favourite subject?
mi asignatura preferida es ...	my favourite subject is ...
también me gusta ...	I also like ...
no me gusta ...	I don't like ...
el francés	French
el arte	art
la biología	biology
la física	physics
la química	chemistry
la geografía	geography
la música	music
la historia	history
la informática	IT
el deporte	sport
el español	Spanish
el inglés	English
el alemán	German
el dibujo técnico	technical drawing
mis asignaturas preferidas son ...	my favourite subjects are ...
no me gustan	I don't like
las ciencias	science
las matemáticas	maths

Module 2

Unit 17
¿qué tipo de habitación quiere Vd.?	what type of room would you like?
quisiera una habitación individual	I'd like a single room
una habitación doble	a double room
una habitación familiar	a family room
con ducha	with shower
con baño	with bath
con lavabo	with washbasin
con retrete	with a toilet
con tres camas	with three beds
con cama supletoria	with an extra bed
con litera	with bunk-beds
con vistas al mar	with a seaview
que de a la calle	looking onto the street

Unit 18
¿qué hay que ver aquí?	what is there to see here?
quisiera un plano/una guía de la ciudad	I'd like a plan/tourist guide of the city
una lista de hoteles	a list of hotels
una lista de excursiones	a list of excursions
hay ...	there is/are ...
hay el parque	there is the park
la playa	the beach
la catedral	the cathedral
el castillo	the castle
el parque de atracciones	the amusement park
hay muchos restaurantes	there are lots of restaurants
muchos bares	lots of cafés/bars

Unit 19
¿qué hacemos hoy?	what shall we do today?
esta mañana	this morning
esta tarde	this afternoon/evening
¿damos una fiesta?	shall we have a party?
¿jugamos a los bolos?	shall we go bowling?
¿jugamos al fútbol?	shall we play football?
al baloncesto	basketball
al voleibol	volleyball
al fútbol de mesa	table football
al fliper	pinball
¿vamos a nadar?	shall we go swimming?
¿vamos a bailar?	shall we go dancing?
vale	okay
sí, bien	yes, fine
¡qué buena idea!	that's a brilliant idea
sí, podemos hacerlo	yes, we can do that
¿por qué no?	why not?

Unit 20
¿dónde nos encontramos?	where shall we meet?
delante de	in front of
delante del cine	in front of the cinema
detrás de	behind
detrás del bar	behind the bar
al lado de	next to
al lado del estadio de patinaje	next to the ice rink
en casa de Manuel/Marta	at Manuel's/Marta's house
enfrente de	opposite
enfrente de la piscina	opposite the swimming pool

Unit 21
¿vamos a patinar sobre hielo esta tarde?	shall we go ice skating this afternoon?
¿vamos a nadar esta tarde?	shall we go swimming this afternoon?
a la disco(teca)	to the disco
a la ciudad	into town
al bar	to the café/bar
al cine	to the cinema
al concierto	to the concert
al partido de fútbol	to the football match
al partido de voleibol	to the volleyball game
¿jugamos al fútbol de mesa?	shall we play table football?
al fliper	pinball
al fútbol	football
no, no tengo ganas	no, I don't feel like it
me parece aburrido	I think that's boring
no, no me va bien	no, I don't feel like it
no quiero ir	I don't want to come
me da igual	I don't mind

Unit 22
una entrada, por favor	one ticket, please
dos entradas, por favor	two tickets, please
tres entradas, por favor	three tickets, please
cuatro entradas, por favor	four tickets, please
¿cuánto cuesta?	how much does it cost?
cuatrocientas cincuenta pesetas	450 pesetas
quinientas pesetas	500 pesetas
mil pesetas	1000 pesetas

Unit 23
¿qué tal fue en la disco?	how was it at the disco?
en la piscina	at the swimming pool
en el partido de fútbol	at the football match
al concierto	at the concert
fue fantástico	it was brilliant
divertido	funny
buenísimo	great
aburrido	boring
fatal	dull
no fue muy bueno/a	it wasn't very good

Unit 24
¿para ir al parque, por favor?	how do I get to the park, please?
al castillo	to the castle
al restaurante	to the restaurant
al hotel	to the hotel

al banco	to the bank
al parque de atracciones	to the amusement park
al estadio de patinaje	to the ice-rink
a la oficina de cambio	to the bureau de change
a la catedral	to the cathedral
a la piscina	to the swimming pool
a la playa	to the beach
a la Plaza Mayor	to the main square
vaya a la izquierda	turn left
vaya a la derecha	turn right
siga todo recto	carry straight on
tome la primera calle a la derecha	take the first on the right
tome la primera calle a la izquierda	take the first on the left
la segunda (calle)	the second (street)
la tercera (calle)	the third (street)

Unit 25

¿es éste el autobús para ...?	is this the bus for ...?
¿cuánto cuesta un billete, por favor?	how much is a ticket, please?
¿cuánto cuestan dos/tres billetes, por favor?	how much are two/three tickets, please?
¿a qué hora llega el autobús?	what time does the bus arrive?
a/sobre las ...	at ...
quiero bajarme aquí, por favor	I'd like to get off here, please

Unit 26

¿qué te gusta comer?	what do you like to eat?
me gusta la carne de vaca	I like beef
no me gusta la carne de cordero	I don't like lamb
no me gusta nada la carne de cerdo	I don't like pork at all
prefiero el jamón	I prefer ham
el pollo	chicken
el pescado	fish
el arroz	rice
las salchichas	sausages
las golosinas	sweets
las verduras	vegetables
las patatas fritas	chips
las pastas	pasta

Unit 27

quisiera reservar una mesa	I'd like to reserve a table
¿para cuántas personas?	for how many?
para dos/tres/cuatro/cinco/seis/siete/ocho/nueve personas	for two/three/four/five/six/seven/eight/nine people
¿para cuándo?	on which day?
para el lunes	on Monday
martes	Tuesday

miércoles	Wednesday
jueves	Thursday
viernes	Friday
sábado	Saturday
domingo	Sunday
¿para qué hora?	at what time?
para las siete	at seven o'clock
para las siete y media	at seven thirty
para las ocho	at eight o'clock
para las ocho y media	at eight thirty
para las nueve	at nine o'clock
¿su nombre, por favor?	your name, please?
me puedes pasar la sal/la pimienta, por favor?	would you pass me the salt/pepper, please?
el pan	the bread
no tengo una cuchara/un cuchillo/un tenedor	I don't have a spoon/knife/fork
una servilleta/un plato/un vaso	napkin/plate/glass

Unit 28

¿qué quiere(n) usted(es)?	what would you like?
quisiera un perrito caliente, por favor	I'd like a hot dog, please
albóndigas	meat balls
una hamburguesa	a hamburger
una brocheta	a kebab
(una porción de) patatas fritas	(a portion of) chips
un bocadillo de queso	a cheese sandwich
un bocadillo de chorizo	a salami sandwich
un bocadillo de atún	a tuna sandwich
un bocadillo de paté	a pâté sandwich
un bocadillo de jamón	a ham sandwich
¿qué desea?	what would you like?
quisiera un helado de grosella negra	I'd like a blueberry ice-cream
un helado de limón	lemon ice-cream
un helado de fresa	strawberry ice-cream
un helado de chocolate	chocolate ice-cream
un helado de café	coffee ice-cream
un helado de vainilla	vanilla ice-cream
un helado de frambuesa	raspberry ice-cream
un helado de pistacho	pistachio ice-cream

Unit 29

quisiera cambiar dinero	I would like to change some money
quisiera cambiar veinte libras esterlinas	I would like to change £20
quisiera hacer efectivo un cheque de viaje	I would like to cash a traveller's cheque
¿tiene su pasaporte?	do you have your passport?
aquí lo tiene	here you are
de nada	you're welcome
gracias	thank you
¿tiene Vd. suelto?	do you have any change?
quizás	perhaps

¿qué necesita Vd.? — what do you need?
¿tiene una moneda de cincuenta/cien pesetas? — do you have a 50/100 peseta coin?
sí, tome — yes, here you are

Unit 30

cien gramos de queso — 100 grammes of cheese
doscientos gramos de jamón — 200 grammes of ham
un kilo de patatas — a kilo of potatoes
tomates — tomatoes
champiñones — mushrooms
uvas — grapes
cerezas — cherries
manzanas — apples
naranjas — oranges
albaricoques — apricots
una lata de cola — a can of coca cola
sopa — soup
un paquete de té — a packet of tea
café — coffee
galletas — biscuits

Unit 31

quisiera un regalo para ... — I'd like a present for ...
mi madre — my mother
mi hermana — my sister
mi abuela — my grandmother
mi amiga — my friend (f)
mi padre — my father
mi hermano — my brother
mi abuelo — my grandfather
mi amigo — my friend (m)
¿qué tal ...? — what do you think of ...?
un llavero — a keyring
un monedero — a purse/wallet
un encendedor — a lighter
un bolígrafo — a fountain pen
un estuche — a pencil case
un osito — a teddy bear
una cucharita — a teaspoon
una bolsa — a handbag
sí, es una buena idea — yes, that's a good idea
no, no me gusta — no, I don't like that
no, es demasiado caro — no, it's too expensive

Module 3

Unit 32

¿dónde vas a pasar tus vacaciones este año?	where are you spending your holidays this year?
voy a la costa	I'm going to the seaside
al campo	to the country
a la montaña	to the mountains
a una ciudad grande	to a large town
me quedo en casa	I'm staying at home

Unit 33

¿qué (no) te gusta hacer en las vacaciones?	what do you (not) like to do in the summer holidays?
me gusta bucear	I like diving
no me gusta bucear	I don't like diving
me gusta trabajar	I like working
tampoco me gusta montar a caballo	I don't like riding either
me gusta nadar	I like swimming
me gusta practicar el windsurf	I like windsurfing
me gusta ir de camping	I like going camping
me gusta tomar el sol	I like sunbathing
no me gusta tomar el sol	I don't like sunbathing
me gusta dar un paseo	I like going for walks
me gusta hacer alpinismo	I like climbing
me gusta hacer piragüismo	I like canoeing
me gusta montar en bicicleta	I like cycling
me gusta jugar al tenis	I like playing tennis
me gusta jugar al voleibol	I like playing volleyball
(no) me gusta descansar	I (don't) like relaxing

Unit 34

¿dónde pasaste tus vacaciones el año pasado?	where did you spend your holidays last year?
fui a la costa	I went to the seaside
al campo	to the countryside
a la montaña	to the mountains
a una ciudad grande	to a large town
me quedé en casa	I stayed at home
¿qué hiciste?	what did you do?
monté en bicicleta	I went cycling
monté a caballo	I went riding
nadé	I went swimming
buceé	I went diving
hice piragüismo	I went canoeing
hice esquí acuático	I went water skiing
hice alpinismo	I went climbing
practiqué el windsurf	I went windsurfing
fui de camping	I went camping
jugué al fútbol de mesa	I played table football
jugué al voleibol	I played volleyball
jugué al tenis	I played tennis
jugué a las cartas	I played cards
encontré a amigos	I met up with friends

Unit 35

¿cómo prefieres ir?	how do you prefer to travel?
prefiero ir a pie	I prefer to walk
prefiero ir en tren	I prefer to go by train
en coche	by car
en bicicleta	by bike
en barco	by boat
en autobús	by bus
prefiero ir en avion	I prefer to go by plane
¿por qué?	why?
es ...	it's ...
más rápido	faster
más cómodo	more comfortable
más interesante	more interesting
más barato	it's cheaper
no es tan caro	it's not so expensive
no es tan aburrido	less boring
no es tan estresante	less stressful
¿cuándo vas de vacaciones?	when do you leave?
el uno/tres/siete/ dieciséis/veintiuno de septiembre	the first/third/seventh/ sixteenth/twentieth ... of September
¿cuánto tiempo vas a quedarte?	how long are you going for?
un día/dos días	one/two days
una semana/dos semanas	one/two weeks
un mes/dos meses	one/two months
un fin de semana	a weekend

Unit 36

¿dónde prefieres pasar tus vacaciones?	where do you prefer to spend your holidays?
¿dónde prefieres quedarte de vacaciones?	where do you prefer to stay on holiday?
prefiero quedarme ...	I prefer to stay ...
en un hotel	in a hotel
en una pensión	in a guesthouse
en un albergue juvenil	in a youth hostel
en un centro de vacaciones	in a holiday village
en un apartamento de vacaciones	in a holiday flat
en una caravana	in a caravan
en un camping	on a campsite

Unit 37

¿tiene una habitación por esta noche?	do you have a room for tonight?
¿para cuántas personas?	for how many people?
para una persona	for one person
para dos personas	for two people
para un adulto	for one adult
para dos adultos	for two adults
para un niño	for a child
para dos niños	for two children
sí, bien	yes, of course
lo siento, no tenemos habitaciones	I'm sorry, we're full
¿cuánto cuesta ...?	how much is it ...?

por noche, por persona	per night per person
con desayuno	with breakfast
¿dónde está/n ...?	where is/are ...?
el cuarto de baño	the bathroom
el comedor	the dining room
los servicios	the toilets
cuesta/es ...	it costs ...
¿tiene un sitio libre?	have you got any vacant pitches?
quisiera un sitio por ...	I'd like a pitch for ...
una tienda	a tent
una caravana	a caravan
un camper	a camper van
¿para cuántas noches?	for how many nights?
una noche/dos noches	one night/two nights
una semana/dos semanas	one week/two weeks
sí, bien	yes, of course
lo siento, no tenemos sitios libres	I'm sorry, we're full
¿hay otro camping por aquí?	is there another campsite near here?
sí, hay otro camping a unos 10 o 20 minutos de aquí	yes, there's one about 10 or 20 minutes away

Unit 38

¿qué haces?	what are you doing?
descanso	I'm relaxing
juego con el ordenador	I'm playing computer games
veo vídeos	I'm watching videos
toco un instrumento	I'm playing a musical instrument
leo	I'm reading
como en la cafetería	I'm eating at the fast food restaurant
juego a las cartas	I'm playing cards
practico deporte	I'm doing sport
bailo	I'm dancing
escucho música	I'm listening to music
trabajo	I'm working
veo la tele	I'm watching TV
voy a bailar	I'm going dancing
voy de compras con ...	I'm going shopping with ...
salgo con ...	I'm going out with ...
mis padres	my parents
mi amigo/a	my friend
mis amigos/as	my friends
mi mejor amigo/a	my best friend
mi padre	my father
mi hermano	my brother
mi madre	my mother
mi hermana	my sister
solo/a	on my own

Unit 39

¿a qué hora sale el próximo tren para ...?	at what time does the next train for ... leave?
¿a qué hora llega?	when does it arrive?
¿hay que cambiar?	do you have to change?
¿hay que reservar un asiento?	do you have to book a seat?
¿de qué andén sale?	from which platform does the train leave?
a las ...	at ...
sí	yes
no	no
del número	from number ...

Unit 40

quisiera ...	I'd like ...
un (billete) sencillo	a single ticket
dos (billetes) sencillos	two single tickets
un (billete) de ida y vuelta	a return ticket
dos (billetes) de ida y vuelta	two return tickets
tres billetes de ida y vuelta	three return tickets
para un niño/dos niños	for a child/two children
para un adulto/dos adultos	for one adult/two adults
a ...	to ...
¿hay que pagar un suplemento?	do I have to pay extra?
¿cuánto es/cuesta?	how much is it?

Unit 41

quisiera mandar ... a	I'd like to send ... to ...
un/este paquete	a/this parcel
una/esta carta	a/this letter
una/esta postal	a/this postcard
una/esta tarjeta	a/this (post)card
Inglaterra	England
España	Spain
Francia	France
Escocia	Scotland
quisiera ...	I'd like ...
un sello para una carta a ...	a stamp for a letter to ...
dos sellos	two stamps
para una postal a ...	for a postcard to ...
un sello de cincuenta pesetas	a 50 peseta stamp
quisiera una tarjeta telefónica	I'd like a phone card
¿dónde está el buzón?	where is the letter box?
¿cuánto cuesta una carta/ una postal/un paquete a ...?	how much is a letter/ a postcard/a parcel to ...?

Unit 42

¿en qué puedo servirle?	how can I help you?
lleno, por favor	fill it up, please
veinte litros de súper/ sin plomo	20 litres of 4 Star/ unleaded
gasóleo por 2000 pesetas, por favor	2000 pesetas of diesel, please
¿algo más?	do you need anything else?

¿dónde puedo comprar aceite/un mapa?	where can I buy oil/a map?
¿dónde puedo verificar la presión/el agua?	where can I check the tyre pressure/the water?
¿dónde puedo encontrar agua?	where can I find water?
¿dónde está la caja?	where is the till?
¿dónde están los servicios?	where are the toilets,
¿cómo puedo ayudarle?	how can I help you?
tengo una avería	I've broken down
¿cuál es el problema?	what's the problem?
se me ha pinchado una rueda	I've got a puncture
el motor no arranca	the engine won't start
necesito agua	I need water
los limpiaparabrisas están rotos	the windscreen wipers are broken
los frenos no funcionan	the brakes don't work
una bombilla está rota	a light is broken
un intermitente está roto	an indicator is broken
¿dónde está Vd.?	where are you?
en la autopista	on the motorway
dirección ...	travelling towards ...
¿qué tipo de coche tiene?	what make of car have you got?
¿de qué color?	what colour?
¿cuál es la matrícula?	what's the registration number?
quédese con el coche	stay with your car
dentro de media hora viene un mecánico	a mechanic will be with you in half an hour

Unit 43

el queso	cheese
el chorizo	sausage
el lápiz de labios	lipstick
el paraguas	umbrella
el vestido	dress
el perfume	perfume
la falda	skirt
la raqueta de tenis	tennis racquet
la sudadera	sweatshirt
la tarjeta de cumpleaños	birthday card
la chaqueta de vaquero	denim jacket
la ropa infantil	children's clothes
los vaqueros	jeans
los calcetines de caballero	mens' socks
los utensilios de cocina	kitchen equipment
las toallas	towels
quisiera .../busco ...	I'd like .../I'm looking for ...
el departamento de caballeros/señoras	department men's/women's
la papelería	stationery
está en el primer/ segundo/tercer piso	is on the first/ second/third floor
la planta baja	ground floor
el sótano	lower ground floor

la oficina de cambio	money exchange
la perfumería	the cosmetics department

Unit 44

busco ...	I'm looking for ...
quisiera ...	I'd like ...
una blusa	a blouse
una falda	a skirt
un pantalón	a pair of trousers
una chaqueta	jacket
un suéter	a pullover
una camisa	a shirt
un vestido	a dress
un par de zapatos	a pair of shoes
un par de calcetines	a pair of socks
un par de zapatos deportivos	a pair of trainers
de algodón	made of cotton
de vaquero	made of denim
de cuero	made of leather
un pantalón de cuadros	a pair of checked trousers
un vestido rayado	a striped dress
¿qué tamaño?	what size?
grande	large
mediano/a	medium
pequeño/a	small
bien/vale	OK
¿puedo probarlo/la, por favor?	can I try it on, please?
sí, desde luego	yes, of course
los probadores están allí	the changing rooms are over there
me es/son demasiado grande/s	it is/they are too big for me
demasiado pequeño/a/ os/as	too small
demasiado caro/a/os/as	too expensive
¿tiene ...?	have you ...?
uno/una más pequeño/a más grande/más barato/a	a smaller/bigger/ cheaper one

Unit 45

el brazo	arm
el dedo	finger
el pie	foot
la garganta	throat
la cabeza	head
la boca	mouth
la espalda	back
la mano	hand
la nariz	nose
el ojo	eye
la pierna	leg
la rodilla	knee
el oído/(la oreja)	ear
me duele el/la ...	my ... hurts
me duelen los/las ...	my ... hurt

tengo dolor de ...	my ... hurt/s
me duele la garganta	I've got a sore throat
me duele la cabeza	I've got a headache
me duelen los pies	my feet hurt
tengo dolor de muelas	I've got toothache

Unit 46

¿puedo hacer una cita?	can I have an appointment?
quisiera hacer una cita	I'd like to make an appointment
¿cuándo puede venir?	when can you come?
tenemos hora libre	we have an appointment ...
mañana por la mañana	tomorrow morning
mañana por la tarde	tomorrow afternoon
tengo fiebre	I have a temperature
mucha tos	a cough
un resfriado	a cold
una insolación	sunburn
dolor de garganta	a sore throat
dolor de cabeza	a headache
dolor de espalda	backpain
dolor de muelas	toothache
dolor de estómago	stomachache
me he cortado el dedo	I have cut my finger
me duele la mano/el dedo/la pierna	my hand/finger/leg hurts
¿tiene un remedio para ...?	have you anything for ...?
tiene que comprar ...	you need to buy ...
Vd. necesita ...	you need ...
estas cápsulas	these tablets
estas pastillas para la tos	these cough sweets
estos comprimidos	these pills
estas gotas	these drops
esta pomada	this ointment

Module 4

Unit 47

¿cómo eres?	what kind of person are you?
soy	I am
tímido/a	shy
creativo/a	creative
hablador/a	talkative
deportista	sporty
activo/a	active
amable	helpful
amistoso/a	friendly
serio/a	reliable
emprendedor/a	enterprising
estoy	I'm
cuidadoso/a	careful
práctico/a	practical
inteligente	intelligent
responsable	responsible
estoy seguro/a de mí mismo/a	I'm self-confident

Unit 48

¿tienes muchos amigos?	do you have a lot of friends?
sí, tengo un/a amigo/a	yes, I have a friend
él/ella es	he/she is
gracioso/a	funny
genial	cheerful
inteligente	intelligent
amable	kind
interesante	interesting
agarrado/a	mean
un poco loco/a	crazy
me llevo bien con él/ella	I get on well with him/her

Unit 49

¿tienes un trabajo?	do you have a job?
sí, cuido niños	yes, I look after children
trabajo de canguro	I work as a babysitter
trabajo en una oficina	I work in an office
trabajo en un bar	I work in a bar/café
trabajo en una tienda	I work in a shop
trabajo en un restaurante	I work in a restaurant
trabajo en un supermercado	I work in a supermarket
reparto leche	I deliver milk
reparto periódicos	I deliver newspapers
me gusta	I like it (it pleases me)
me gusta hacerlo	I like to do that
me pagan bien	I earn good money
tengo contacto con la gente	I have contact with people
es regular	it's not bad
es aburrido	it's boring
es divertido	it's fun
el ambiente es estupendo	there's a great atmosphere

Unit 50

¿qué quieres hacer después del instituto?	what do you want to do after secondary school?
quiero trabajar	I want to work
viajar	to travel
continuar mis estudios	to continue my studies
descansar	to have a rest
divertirme	to have a good time
hacer un aprendizaje	to do an apprenticeship
tomar un año libre	to have a year off
hacer un período de prácticas	to do work experience

Unit 51

¿qué quieres ser en el futuro?	what do you want to do later on?
quisiera ser ...	I'd like to be a ...
esteticista	beautician
empapelador/a	decorator
fotógrafo/a	photographer
peluquero/a	hairdresser
mécanico/a	mechanic
empleado/a de banco	bank clerk
empleado/a de oficina	office clerk
cantante	singer
cocinero/a	cook
actor/actriz	actor/actress
programador/a	computer programmer
enfermero/a	nurse
profesor/a	teacher
diseñador/a	designer
dependiente/dependienta	shop assistant
quisiera trabajar ...	I'd like to work ...
en una oficina	in an office
en un hotel	in a hotel
al aire libre	outdoors
en una tienda	in a shop
en un club deportivo	in a sports club

Unit 52

¿qué haces en la oficina?	what do you do in the office?
tengo que llegar a las ...	I have to be there at ... o'clock
termino a las ...	I finish at ... o'clock
tengo que preparar el café	I have to make the coffee
mandar faxes	to fax
escribir a máquina	to type
telefonear	to phone
recoger las cartas y repartirlas	to collect the post and distribute it
arreglar la documentación en el archivo	to sort the files in the filing cabinets
tenemos una pausa para tomar el café	we have a coffee break
tenemos una pausa para almorzar	we have a lunch break

Unit 53

cero	zero
uno	one
dos	two
tres	three
cuatro	four
cinco	five
seis	six
siete	seven
ocho	eight
nueve	nine
diez	ten
once	eleven
doce	twelve
trece	thirteen
catorce	fourteen
quince	fifteen
dieciséis	sixteen
diecisiete	seventeen
dieciocho	eighteen
diecinueve	nineteen
veinte	twenty
veintiuno	twenty-one
veintidós	twenty-two
treinta	thirty
cuarenta	forty
cincuenta	fifty
sesenta	sixty
setenta	seventy
ochenta	eighty
noventa	ninety
buenos días	hello
¡dígame!	hello
quisiera hablar con ...	I'd like to speak to ...
el/la Señor/Señora ...	Mr/Mrs ...
ya le pongo	I'll connect you
¿de parte de quién?	who's speaking?
lo siento mucho, él/ella no está en este momento	I'm sorry, he/she isn't here at the moment
su teléfono está comunicando en este momento	his/her line is busy at the moment
¿quiere dejar un recado?	would you like to leave a message?
¿quiere esperar?	would you like to hold?
¿quiere llamar más tarde?	can you call back later?
adiós	goodbye

Unit 54

el disco duro	the disc drive
el ordenador	the computer
la pantalla	the screen
la impresora	the printer
el monitor	the monitor
el teclado	the keyboard
el ratón	the mouse

Unit 55

¿qué compras con tu dinero?	what do you buy with your money?
compro ropa	I buy clothes
CDs	CDs
juegos de ordenador	computer games
revistas	magazines
zapatos deportivos	trainers
libros	books
voy al cine	I go to the cinema
a la disco(teca)	to the disco
ahorro para	I'm saving for
un walkman	a personal stereo
una bicicleta	a bicycle
un coche	a car
una moto	a motorbike
unos vaqueros	a pair of jeans
un apartamento	a flat
mis vacaciones	my holidays
las Navidades	Christmas
¿es importante el dinero para ti?	is money important to you?
es muy importante	it is very important
bastante importante	quite important
no es importante	not important at all

Unit 56

¿qué opinas?	what do you think?
¿debe uno beber alcohol?	should you drink alcohol?
¿debe uno fumar?	should you smoke?
¿debe uno drogarse?	should you take drugs?
el fumar es peligroso	smoking is dangerous
asqueroso	disgusting
fabuloso	cool
el alcohol daña la salud	alcohol is bad for your health
las drogas dañan la salud	drugs are bad for your health
las drogas son estúpidas	drugs are stupid
fabulosas	cool
asquerosas	disgusting
¿bebes alcohol?	do you drink alcohol?
¿fumas?	do you smoke?
bebo alcohol	I drink alcohol
no bebo alcohol	I don't drink alcohol
fumo	I smoke
no fumo	I don't smoke

Unit 57

¿qué se puede hacer para proteger el medio ambiente?	what can you do to protect the environment?
se puede ahorrar	you can save
agua/energía	water/energy
se puede reciclar	you can recycle
el papel	paper
las latas	tins
el vidrio	glass
viajar en transporte público	use public transport
comprar una bicicleta	buy a bike
proteger la naturaleza	protect the environment

comprar los productos verdes — buy environmentally friendly products
evitar los sprays — avoid aerosol cans

Unit 58

¿cómo son las reglas en tu instituto? — what are the rules like in your school?
hay que llevar uniforme — you have to wear a uniform
traer un lápiz — bring a pen
llegar a tiempo — arrive on time
respetar al profesor/a la profesora — respect the teacher
no se puede fumar en el instituto — smoking is not allowed in school
no se puede comer en el aula — you are not allowed to eat in the classroom
esto me parece importante — I think it's important
las reglas son necesarias — the rules are necessary
las reglas no son estúpidas — the rules are not stupid
demasiado rigurosas — too strict

Unit 59

¿qué piensas del uniforme? — what do you think about uniform?
me parece estúpido — I think it's stupid
no me gusta — I don't like it
me parece bien — it's alright
es estupendo — it's great
es práctico — it's practical
es terrible — it's terrible

Unit 60

¿te gustan los animales? — do you like animals?
me gustan los animales — I like animals
me dan igual los animales — I don't care about animals
soy vegetariano/a — I'm a vegetarian
¿qué opinas sobre los experimentos con animales? — what do you think about animal testing?
los experimentos son horrorosos — animal testing is cruel
los experimentos son necesarios — animal testing is necessary
me es igual — I don't care

Unit 61

¿qué se debe comer? — what should you eat?
se debe comer ... — you should eat ...
pan — bread
huevos — eggs
cereales — cereal
fruta — fruit
ensalada — salad
verduras — vegetables
es muy sano/a — it's healthy
son muy sanas/as — they're very healthy
se debe tomar vitaminas — you should take vitamins

no se debe comer — you shouldn't eat
mucho chocolate — a lot of chocolate
mucha mantequilla — a lot of butter
mucha grasa — a lot of fat
muchos pasteles — a lot of cake
muchas golosinas — a lot of sweets
muchas patatas fritas — a lot of chips
no es muy sano/a — it's not healthy
no son bueno/as para la salad — they're not good for your health
¿qué se debe beber? — what should you drink?
se debe beber agua — you should drink water
leche — milk
zumo de naranja — orange juice
no se debe beber mucho café — you shouldn't drink a lot of coffee
vino — wine
alcohol — alcohol
mucha cerveza — a lot of beer

Unit 62

el cielo está despejado — the sky is clear
el cielo está nublado — the sky is cloudy
hace buen tiempo — it's fine
hace frío/calor — it's cold/hot
hace viento — it's windy
hace sol — it's sunny
hay niebla — it's foggy
llueve — it's raining
nieva — it's snowing

Unit 63

¿qué te gusta ver? — what do you like to watch?
me gusta ver las películas de dibujos animados — I like to watch cartoons
no me gusta ver las películas de aventuras — I don't like to watch adventure films
las películas amorosas — love stories
las comedias — comedies
los programas de música — music programmes
los programas de deporte — sports programmes
los programas sobre la naturaleza — wildlife programmes
las noticias — the news
el prónostico del tiempo — the weather forecast
la publicidad — advertisements

Heinemann Educational Publishers
A division of Reed Educational and Professional Publishing Ltd
Halley Court, Jordan Hill, Oxford OX2 8EJ

OXFORD   MELBOURNE   AUCKLAND
JOHANNESBURG   BLANTYRE   GABORONE
IBADAN   PORTSMOUTH (NH) USA   CHICAGO

Adapted into Spanish by Sandra Keithlow

First published 1998

05 04 03 02 01
10 9 8 7 6 5

A catalogue record is available for this book from the British Library on request

ISBN 0435 39170 4

Produced by **AMR Ltd**

Printed by Edelvives, Spain

Illustrations by Art Construction, Claire Attridge, David Birdsall, Josephine Blake,
Phillip Burrows, Graham Cameron Illustration, Anthea Eames, Bill Piggins, Jane Spencer,
Stan Stevens, Julie Stobbart, Sue Tewkesbury

Cover illustration by Jill Hunt (Beehive Illustration)

Photographs were provided by: p.19, p.75 (Marta and Mica), p.91 (Trini) Peter Benson; p.19,
p.75 (Pedro), p.91 (Raúl), p.93 (Tina), p.97 (Ana) Paul Freestone; p.31, p.93 (Elena and Juan)
Chris Honeywell; p.41, p.93 (Pablo), p.96, p.97 (Daniel) Chris Ridgers; p.75 (Jorge and Juan) Ace
photo agency, p.75 (Elena), p.91 (Eugenia and Nina), p.93 (Jacinta), p.97 (Beatriz and Jaime)
Rosi McNab; p.91 Simon Chapman (Lola), p.91 (José), p.97 (Raúl) Fiona Corbridge, p.97 (Oprah
Winfrey) Rex Features/Richard Young